城市·空间·行为·规划丛书|柴彦威主编

时空行为与郊区生活方式

塔 娜 著

东南大学出版社
SOUTHEAST UNIVERSITY PRESS
南京·2019

内容提要

    中国城市郊区化进入重视社会发展的新时期,理解郊区化与居民生活方式之间的关系对于理解郊区和制定政策都具有重要的意义。本书基于微观个体行为的视角,从生活方式与时空行为的关系出发,构建基于时空行为的郊区生活方式理论框架,刻画和解释当代中国大城市郊区居民生活方式。基于 2012 年北京市居民日常活动与交通出行调查数据,利用一周的全球定位系统(GPS)时空轨迹与活动日志数据针对北京市郊区居民开展实证研究,分析了家庭类型、汽车所有权和职住空间对居民时空行为与生活方式的影响机制,并通过对郊区居民生活方式类型的划分,得到五种特色鲜明的生活方式群体,以揭示大城市郊区的多样性。

    本书可以为城市地理学、城市规划学、交通行为研究领域的科研人员、硕士博士研究生提供理论与实践参考,也可为对时空行为研究感兴趣的研究者提供参考。

图书在版编目(CIP)数据

时空行为与郊区生活方式/塔娜著. —南京:东南大学出版社,2019.1

(城市·空间·行为·规划丛书/柴彦威主编)

ISBN 978-7-5641-8179-6

Ⅰ.①时…　Ⅱ.①塔…　Ⅲ.①郊区-生活方式-研究-北京　Ⅳ.①D669.3

中国版本图书馆 CIP 数据核字(2018)第 286878 号

书　　名:时空行为与郊区生活方式
著　　者:塔　娜
责任编辑:孙惠玉　徐步政　　　　　邮箱:894456253@qq.com
出版发行:东南大学出版社　　　　　社址:南京市四牌楼 2 号(210096)
网　　址:http://www.seupress.com
出 版 人:江建中

印　　刷:江苏凤凰数码印务有限公司　　排版:南京新翰博图文制作有限公司
开　　本:787mm×1092mm　1/16　　印张:10.25　字数:250 千
版 印 次:2019 年 1 月第 1 版　　　　2019 年 1 月第 1 次印刷
书　　号:ISBN 978-7-5641-8179-6　　定价:49.00 元

经　　销:全国各地新华书店　　　　　发行热线:025 - 83790519　83791830

　　进入 21 世纪,地理流动性越来越成为塑造人—地关系的核心要素,物流、能量流、人流、资金流和信息流形成的流动性网络正在改变着我们生活的世界。当信息化、全球化、机动化逐渐成为城镇化与城市发展的重要推力时,"变化的星球与变化的城市"就越来越成为科学界的共识与焦点。地理学长期关注不断变化的地球表层以及人类与环境之间的相互关系,因此,其日益成为当今科学和社会的核心内容,一个地理学家的时代正在到来。

　　经过 20 世纪的几个重要转向,人文化和社会化已然成为当今地理学科发展的重要特征之一,人文地理学的研究重点正在从人—地关系研究转向人—社会关系研究。解释人文地理现象的视角从自然因素、经济因素等转向社会因素、文化因素、个人因素等,研究的总趋势从宏观描述性研究走向微观解释性研究以及模拟与评估研究。与此同时,地理学研究的哲学基础从经验主义和实证主义转向行为主义、结构主义、人本主义及后现代主义等。可见,在以人为本及后现代思潮的大背景下,人与社会的实际问题越来越受到关注。

　　在学科发展整体转向的大背景下,城市空间研究也经历了深刻的转型。基于时空间行为的个体研究正在成为理解城镇化与城市发展、城市空间社会现象的关键所在。分析挖掘时空间行为本身的规律与特点及其对城市环境和决策制定的影响已成为当下城市空间研究的重要视角和热点问题。时空间行为决策与时空资源配置、日常活动空间、城市移动性、生活方式与生活质量、环境暴露与健康、社会交往与社会网络、社会空间分异、移动信息行为等新的城市研究思路,正指向一个更加人本化、社会化、微观化以及时空整合的城市研究范式。可以说,基于个体时空间行为的城市空间研究范式蔚然初现,并向地理信息科学、城市交通规划、城市社会学、健康与福利地理学、女性主义等领域跨界延伸,在交叉融合中不断拓展学科的研究边界与张力,在兼收并蓄中不断充实城市空间与规划研究的学科基础与理论建构。

　　以时间地理学和行为地理学等为核心的时空间行为研究,注重现实物质性的本体论认识,突出对"区域与城市中的人"的理解,强调制约与决策的互动影响,通过时空间框架下的人类空间行为研究,深化了"人、时间与空间"的认识,建构了以地理学为基础的城市研究与规划应用的时空哲学和方法论。随着时空间行为数据采集、计算挖掘、三维可视化与时空模拟等理论与技术的不断革新,时空间行为研究在研究数据与方法、理论与应用等多个方面展现出新的转向与可能性。

　　改革开放以来,中国城市经历了社会、经济、空间等的深刻变革。由于全球化和信息化的影响,中国城市空间正处在不断重构的过程中。城市空间的拓展与重组、郊区的形成与重构、社会空间的显现与极化、行为空间的扩展与隔离、信息空间的形成与异化等成为近几十年来中国城市空间研究的热点。单位制度解体与快速城镇化等促进了城市生活方式的多样化和个性化,移动性大大增强,并呈现多元化和复杂化的趋势,交通拥堵、长距离通勤、生活空间隔离、高碳排放、空气污染、公共设施分配不平衡等城市病已经成为政府部门和学术界急需解决的重大问题，也成为影响城市居民生活质量的关键因素。因此，如何科学地把握居民各种空间行为的特征与趋势，引导居民进行合理、健康、可持续的日常行为，建立重视居民个人生活质量的现代城市生活方式，已经成为中国城市研究与规划实践的当务之急。

中国正在打造经济社会发展的升级版，转变社会经济发展方式、推动人的城镇化与城市社会的建设、加大公共服务和民生保障力度、遏制环境污染等已成为发展的重点所在。城市发展逐步从大尺度的宏观叙事转向小尺度的空间调整，从扩张性的增量规划转为政策性的存量规划，对城市规划的公共性、政策性与社会性提出了新的发展要求。面对转变城镇建设方式、促进社会和谐公正、提高居民生活质量和保护生态环境等目标，城市研究与规划工作者应在考虑土地利用、设施布局、交通规划等物质性要素的基础上，更加重视居民时空间行为的数据采集与挖掘，探索城市居民时空间行为规律与决策机制，提供实时性、定制化、个性化的信息服务与决策支持，加强城市规划方案与居民行为响应的模拟评估。通过基于人的、动态的、精细化的时间政策与空间政策的调整，减缓对居民时空间行为的制约，提高时空可达性，促进社会公正。通过城市时空间组织与规划、生活方式与生活质量规划、个人行为规划与家庭移动性规划等重新建构城市的日常生活，从而回归到以人为本的核心价值表述。

2005年以来，城市地理学、城市交通学、城市社会学等学科为主的学者组成了一个跨学科的"空间行为与规划"研究会，聚焦于人的行为的正面研究，企图建构基于行为的中国城市研究与规划范式。该研究会每年举行一次研讨会，聚集了一批同领域敢于创新的年轻学者，陆续发表了一些领先性的学术成果，成为行为论方法研讨的重要学术平台。

本丛书是时空间行为研究及其城市规划与管理应用的又一重要支撑平台，力求反映国内外时空间行为研究与规划应用的前沿成果，通过系列出版形成该领域的强有力支撑。在时空间行为研究的新框架下，将城市、空间、行为与规划等完美衔接与统合，其中城市是研究领域，空间是核心视角，行为是分析方法，规划是应用出口。

本丛书将是中国城市时空间行为研究与规划的集大成，由时空间行为的理论与方法、城市行为空间研究和城市行为空间规划三大核心部分组成，集中体现中国城市时空间研究与规划应用的最新进展和发展水平，为以人为本的城市规划与行为规划提供科学支撑。其理论目标在于创建中国城市研究的行为学派，其实践目标在于创立中国城市的行为规划。

柴彦威

目录

序言

本书是塔娜博士学位论文《基于时空行为的郊区居民生活方式研究》的整理与提炼，该博士学位论文也被评为北京大学优秀博士学位论文。本书面向中国城市郊区的发展，以时空行为与生活方式为视角，构建基于时空行为的郊区居民生活方式研究理论，建立生活方式的测度指标，划分郊区居民生活方式类型，针对北京郊区开展郊区居民生活方式的实证研究，从而透视中国城市郊区发展中的社会问题。本书对于优化中国城市空间结构和提高居民生活质量具有实践指导意义。

塔娜博士本科毕业于北京大学资源环境与城乡规划管理专业，之后进入我的课题组攻读硕士和博士学位，并在 2013—2014 年期间前往美国伊利诺伊大学香槟分校访学一年。她在学习期间得到了系统的人文地理学科研训练，成长为一名独立科研的青年学者。她参与了我很多的科研项目，是国家社科基金重点项目"单位制度的演变及其空间与社会响应研究"（批准号：11AZD085）、国家"十二五"科技支撑计划项目子课题"智慧城市管理公共信息平台关键技术研究与应用示范"（批准号：2012BAJ05B00）、国家自然科学基金海外及港澳学者合作研究基金"城市居民时空间行为的中美比较研究"（批准号：41228001）等项目的核心研究人员，在单位社区研究和时空行为研究领域都进行了深入的思考。

本书提出了基于时空行为的郊区居民生活方式研究理论框架，理论基础扎实。塔娜博士在硕士研究生期间仔细研读了芝加哥学派城市社会学的专著，梳理了城市生活方式及其与城市社区变化之间的关系；攻读博士研究生后，她进一步梳理了时间地理学和活动分析法中关于长期与短期行为关系的理论论述，并提出了将生命历程理论融入时间地理学研究的创新观点。这些成果比较系统地反映在了我们合作发表的一系列理论研究论文中，同时也构成了本书最初的创作初衷和理论雏形。

本书的实证部分是以北京市郊区上地—清河地区为案例进行的，具有很强的创新性。上地—清河作为北京近郊的就业中心和居住组团，代表了高速城市空间重构背景下中国城市郊区空间的典型，对这里的研究有利于我们深刻理解郊区的社会意义。本书建立了基于时空行为的生活方式测度指标，划分北京市郊区居民五种生活方式类型，拓展了传统上郊区研究的范畴，揭示了北京市郊区居民日常生活的复杂性与多样性。通过群体比较的视角，选取家庭结构、汽车所有权和职住关系三个角度分析社会背景、技术背景和地理背景对居民生活方式的影响，丰富了时空行为研究的分析维度。

塔娜博士现就职于华东师范大学地理科学学院，继续开展中国特大城市郊区居民日常生活的研究，并于 2016 年获得国家自然科学基金青年项目（"大城市郊区保障房社区的居民时空行为与生活圈模拟研究——以上海市为例"，项目批准号：41601159）。她作为中国城市时空行为研究网络的成员，关注住房保障与社会公平问题，并以上海为基地开展时空行为相关的城市地理与生活圈规划研究，对于拓展中国城市研究行为学派的研究主题具有重要意义。

特别值得一提的是,她就职一年半即被破格提升为副研究员,显示出极强的教学科研能力与学术综合能力,并逐步成长为中国城市地理学、行为地理学、时间地理学的青年骨干与学术带头人,我为此深感欣慰。

柴彦威

2017 年 12 月于北京大学

前言

　　中国城市郊区化经过近 30 年的快速发展,形成高度异质化的郊区社会空间,聚集了多元化的社会群体,带来了生活方式的多样化。与此同时,郊区化带来的社会不平等、职住分离、交通拥堵等社会问题也日渐凸显。郊区空间能否承载多元化的社会空间增长需要、怎样满足不同类型居民的需求成为至关重要的问题。因此,郊区研究的重点需要强调郊区化与居民生活方式、生活空间的关系,以实现提高郊区居民生活质量的目标。

　　1990 年代以来,中国城市地理学开始出现"行为转向"。以 2003 年召开的人文地理学术沙龙为标志,城市地理学进入了正面研究人类时空行为的新时期。一批中青年骨干学者学习和借鉴西方行为地理学的理论与方法,从微观和非汇总的角度探讨基于行为的中国城市研究范式,以透视转型期中国城市空间重构的机制。2010 年后,中国城市时空行为研究学派逐渐兴起,并成为城市研究中的一支重要力量。学者们也对快速变化中的郊区给予了极大的关注,已有研究从不同行为侧面对郊区空间与时空行为的关系进行了分析与解释。得益于这些研究的启发,本书尝试从活动—移动系统的角度构建社会行为群体的分析,力图解读郊区空间与郊区居民生活方式之间的关系。

　　基于对中国城市的长期实地调查与研究,本书认为在流动性日益增强的背景下,原有的静态的居住空间研究与人口统计学的群体分析已经不能满足理解郊区社会生活复杂性的需要,应当建立动态的社会行为群体的分析。通过社会行为群体的比较,能够有效透视中国城市郊区发展对居民日常生活经历的影响。作为博士论文的整理与提升,本书的结构内容包括理论梳理和实证论证两个主要部分。本书详尽阐述了社会学视角和时空行为视角下生活方式研究的理论进展,并由此建立了基于时空行为的郊区居民生活方式研究理论框架。实证部分分别以社会关系、技术进步和地理背景为核心维度,分析家庭结构、汽车所有权和职住空间对日常生活方式的影响,开展以小见大的定量分析。这些研究是笔者六年博士研究生学习的总结,也是下一步研究的起点。

　　笔者毕业后就职于华东师范大学地理科学学院,开始书稿的整理工作,并进一步提炼研究成果,得到几点认识。第一,对居民整日时空行为模式的研究为理解城市生活以及居民生活质量的相关问题提供了有效视角,应当加强日常生活的地理学研究。第二,城市居民的生活方式越来越具有多样化的特征,需要关注不同群体的差异,以实现社会公平的目标。第三,社会转型的深入带来了精细化城市研究与城市管理的要求,时空行为研究能够为此提供支持。

　　本书在研究与撰写过程中,得到了很多机构与人员的帮助。首先要特别感谢我的导师柴彦威教授,他对科研事业的热情、对学科发展的责任心和使命感都深深地影响着我,他在做人、做事、做学问等方面都给予我孜孜不倦的教诲。感谢我的联合培养博士生导师美国伊利诺伊大学香槟分校关美宝教授对我的悉心指导,与她的交流讨论对我的研究和本书的成文都有裨益。感谢我的师姐清华大学刘志林副教授的无私帮助与指导,她的学术热情和科学精神是我学习的榜样。其次感谢空间行为与规划研究会提供了良好的交流平台,本书的研究内容得到北京大学刘瑜教授、马修军副教授,香港浸会大学王冬根教授,中国科学院地理科学与资源研究所张文忠研究员,同济大学王德教授,中山大学周素红教授、刘云刚教授,武汉大学李志刚教授,南京大学甄峰教授,美国明尼苏达大学曹新宇教授等众多良师学者的宝贵建议。再次,感谢我的同门,北京大学行为地理学研究小组的成员共同完成了本书主要数据的采集,我们共同完成了整个活动日志调查的设计、实施与录入。本书内容的形成也是在一次次与你们的讨论与合作中逐渐成型,感谢张艳(北京联合大学副教授)、刘天宝(辽宁师范大学讲师)、赵莹(中山大学副教授)、申悦(华东师范大学副教授)等众多同门好友的帮助与支持,在此向你们一并表示感谢。同时,还要感谢华东师范大学地理科学学院所提供的平台,感谢刘敏教授、徐建华教授、李响教授、叶超教授等对我教学与科研的无私指导,以及诸多优秀同仁的讨论与支持。本书的出版得到东南大学出版社徐步政、孙惠玉编辑及其团队的悉心编辑与大力协助,在此特别感谢。

最后,对长期以来无私支持我的家人表示诚挚的谢意,是你们的爱支持着我求学之路与学术生涯,也是你们支持我完成本书的写作。

塔娜

2018 年 1 月于上海

1 绪论

1.1 郊区研究的新方向

1.1.1 中国郊区化发展趋势及其问题

郊区化,是人口、就业岗位和服务业从大城市中心区向郊区迁移的一种离心扩散过程(冯健等,2013)。1980年代以来,中国城市,特别是大城市,陆续进入了郊区化进程,北京、上海、广州、沈阳等大城市纷纷出现了人口和工业企业外迁,而中心城区人口减少的现象(周一星,1996)。人口郊区化以内城改造和低收入居民的被动迁居为起点,逐步经历了保障房建设与中低收入外迁、商品房建设与主动迁居、二套房购买与季节性郊区化等,形成了郊区异质化的居住空间格局(Li et al.,2006;冯健等,2004)。不同来源、不同因素迁居至郊区的居民形成了多元化的社会群体,带来的相应的生活需求和郊区问题更加复杂。郊区空间能否承载多元化的社会空间增长需要、怎样满足不同类型居民的需求成为至关重要的问题。

相对于快速发展的人口郊区化,工业、商业和办公业郊区化在中国城市的发展依旧相对滞后。通过污染企业搬迁、企业自身增长需求动力和城市规划引导等多重动力,重工业企业逐步从城市中心区向郊区、都市区甚至城市群尺度搬迁,但是搬迁过程中出现的二次搬迁、配套不足和单位职工长距离通勤等问题极为突出(冯健,2004)。众多以大型超市、商业综合体为核心的郊区商业中心的出现为郊区居民提供了生活的便利,但是总体而言大城市的市中心和副中心商业设施使用并未出现绝对数量的减少,反而呈现增强的趋势(王德等,2001,2011a)。而办公业的发展总体上表现为分散—集中—再分散的模式,逐步向郊区地域的就业副中心和开发区进行集聚(张景秋等,2010;毕秀晶等,2011)。

郊区化进程的不平衡性使得郊区空间组织发生了剧烈的变化,带来了令人关注的社会问题。人口郊区化优先于产业郊区化,导致了职住分离日益严重(宋金平等,2007;刘志林等,2011)。从社会意义上来讲,日益增长的郊区与城市中心区之间的通勤流带来了交通拥堵、环境污染等问题,降低了城市整体的运行效率;从个体意义上来讲,通勤距离和时间的增长对个体日常生活产生了强时空制约,减少了休闲时间和家庭时间,降低了生活质量和生活满意度。商业郊区化的缓慢发展和郊区设施配套不足在建成环境上形成了大型"卧城"的出现,导致郊区地域对城市空间的强依赖:居民个体的日常生活与居住空间分离,家庭成员之间的日常生活匹配度下降,居民生活质量降低(潘海啸,2010)。这些问题的产生在很大程度上是由于郊区的建设过程没有充分考虑个体的需求,特别是郊区化导致的生活方式的改变。

而从新的城市发展趋势来看,中国经济社会发展已经进入了"以人为本"的新型城镇化发展阶段,城市发展的核心目标正由经济增长、空间扩展逐步转变为社会管理的精细化与居民生活质量的提升。郊区是城市空间扩张与重构的最前沿地区,对于城市空间和居民生活的重要性日益加深,代表了中国未来城市生活方式的发展方向。学界对于郊区社会生活的多样性和复杂性正在产生更加浓厚的兴趣。

1.1.2 郊区研究及其发展趋势

由于郊区化带来了显著的土地利用、经济功能和城市景观的变化,传统的郊区化研究更加关注人口和经济职能的郊区化,强调大都市区内部功能结构的演化(Massey et al.,1988;Garreau,1991;周一星,2004;冯健等,2004)。这些研究致力于解决郊区化发展水平评价、郊区化形成动因等问题,使用人口、经济、土地等指标对郊区化的发展阶段进行界定,强调制度层面的宏观分析,关注郊区与城市在大都市区尺度的空间演化关系。但是,随着人口郊区化的深化发展和不同城市功能郊区化不平衡性带来的社会问题日益突出,这些基于经济功能和土地利用的分析已经不能满足理解郊区发展和解决相关社会问题的需要。在这样的背景下,微观尺度的郊区化研究开始显示出有效性,对于理解多元化的郊区人口组成和异质化的郊区社会空间提供了支持。

部分学者从居住空间与迁居的视角入手,分析了郊区化与居住空间重构,并对中国城市居住郊区化的微观过程与机制进行了解释。例如柴彦威等(2000)在天津、冯健等(2004)在北京、刘望保等(2007)在广州的迁居研究,提供了居民个体层次的迁居路径和迁居原因的分析。从制度视角出发,学者对城市社会空间分异的研究也丰富了我们对于郊区社会空间破碎化的理解。这些研究都在一定程度上解释了"为什么郊区居民组成结构多样"这一问题。例如,李志刚和吴缚龙(Li et al.,2006,2008)认为中国城市郊区的社会空间分异是以住房产权为基础的居住分异,冯健和周一星(2004)提出主动与被动郊区化的共同作用导致了异质化郊区空间的出现。

但是,在城市流动性日益加强的背景下,仅关注居住空间和居住群体的社会统计分析已经不能满足我们理解郊区居民日常生活的需求。特别是在机动化和信息化的背景下,居民的活动空间范围已经远远超越了居住空间,居住空间在个体日常生活中的重要性正在下降,而基于活动与移动的社会空间分异正在成为影响居民社会交往与社会资本的更重要的因素。

近年来,学者开始提出社会空间的郊区化、生活活动空间的郊区化等理念,探讨郊区化与居民生活方式变迁、生活活动空间重构以及社会网络重建之间的关系(冯健等,2013;张艳等,2013)。行为研究学者开始进入到郊区研究领域,对郊区居民的行为过程进行分析,从非工作活动参与、出行距离、活动空间等角度对郊区居民日常生活方式的不同侧面进行了探讨(许晓霞等,2010;王德等,2011b;申悦等,2013)。这些研究对于理解郊区正在发生的生活方式的变化提供了开拓性的研究范本。但需要指出,这些研究往往将郊区居民作为一个均质的整体进行研究,着力于刻画其整体特征,同时研究往往是针对某一个单一行为,难以发现郊区日常生活变化的全貌。因此,虽然居住空间的研究已经向我们提供了郊区居民多样性的证据,但是在已有的行为研究中,经常将郊区居民看作是一个同质的群体,分析其通勤、休闲等行为的整体特征,未能充分理解郊区居民日常生活的多样性。而这方面研究的不足使得我们难以充分理解郊区在居民生活中的重要意义以及郊区社会问题的成因(塔娜等,2015)。

1.2 城市研究的行为论基础

1.2.1 关注动态与过程导向

受到地理学文化转向的影响,城市地理学逐渐由对于城市空间实体的研究转向对于城市问题以及产生特定空间形态的经济和政治过程的分析(Leitner,1989),研究重点转向人—社会关系研究(王兴中,2004;柴彦威,2005;姚华松等,2007)。在此背景下,城市空间研究的视角逐渐由城市物质空间转向社会空间、从功能空间转向行为空间,关注点从土地利用的空间合理配置转向人类行为的空间表现,研究的目的也从重视生产的经济目标转向注重生活质量的社会需求目标。

城市研究进入了从动态与过程角度分析城市空间与社会发展的新时期,城市环境系统特性及其时空变化成为地理学、社会学、规划学等城市学科理解城市、研究城市、规划城市的最新取向,而行为过程被认为是理解城市系统的核心(Lees,2002;Schwanen,2007;Kwan,2013)。地理学者已经开始意识到时间和移动性对于理解人类日常生活经历的重要性(Giddens,1984;Cresswell,2006;Urry,2007;Kwan,2013),并更多地关注地理环境的时间维度,提出时间属性的加入对于种族隔离、环境暴露和可达性的研究具有重要的意义。研究表明,由于人类的日常生活经历具有时空间情景的特征(Kwan,2012),原有的基于静态的城市空间与社会研究并不能有效地把握城市运行和居民生活的特征。

在此背景下,以强调偏好与决策的行为主义地理学(Golledge et al.,

1997)、强调客观制约与时空间结合的时间地理学（Hägerstrand，1970），以及强调活动—移动系统的活动分析法（Chapin，1974）为核心的行为论方法，试图解释环境中的物质实体与景观的意义（Laurier et al.，2003），并思考主观能动性以及主客体关系，为研究城市中物质实体与主体关系以及城市中行为过程提供了有效方法（Schwanen，2007；Chai，2013；柴彦威，2005；柴彦威等，2006，2013）。

1.2.2　关注城市生活与社会公平

城市社会研究在经历了芝加哥学派的人类生态学、后芝加哥时代的都市民族志范式之后，转向了新城市社会学对空间的生产、城市的权利、集体消费、都市社会运动的关注。空间成为理解和分析城市社会变迁的独特视角，学者开始以空间视角对城市危机和社会问题进行研究。社会—空间互动观点开始兴起，将人和空间的二元关系作为个体行为基础的社会因素联系起来，强调社会与空间的相互作用（马克·戈特迪纳等，2011）。学者提出人类行为是连接社会与空间辩证关系的桥梁。社会关系对于空间的塑造、空间对于社会关系的制约及调解，均要以个体行为作为媒介。因而，城市社会研究越来越关注以行为为表象的生活方式差异在特定环境中是如何被具体化的，致力于分析社会空间因素是怎样影响居民的生活方式、人与人之间的相互作用以及人们对于空间的使用。

社会公平与空间公正问题逐渐成为西方城市社会空间转型研究的前沿。地理学关注空间公平，分析空间重构对个体生活经历的影响，以解释城市资源空间配置的公平性问题。从移动性的角度，学者提出，社会不平等与空间排斥不仅体现在传统意义的社区分异上，更体现在居民每天所到的地方、所进行的活动之中，与日常生活的地理背景息息相关（Lee et al.，2011；McQuoid et al.，2012；Wang et al.，2012）。地理背景不确定性问题（The uncertain geographic context problem）作为一个重要的概念被提出，认为个体的行为因受到复杂的时间、空间和时空背景不确定性的影响而具有复杂性，导致原有的基于邻里效应的机制解释存在问题。因此，西方研究中社会排斥的测量已逐渐由基于地域（Place-based Measures）向基于个人（Person-based Measures）转变，后者所体现出的改善社会参与的可达性比仅仅提供物质环境机会更能对反社会排斥产生积极的意义（Geurs et al.，2004）。反映在城市研究中，基于静态的社会经济属性的群体分析在减少，而基于出行和活动的行为群体分析在增加（柴彦威等，2006）。

1.3　郊区生活方式的研究框架

郊区目前出现的社会现象本质来说是城市整体流动性在郊区的表现，

是与城市动态性增强的大趋势密不可分的。而对于这一动态性与流动性的研究,就需要从行为过程导向的视角,关注居民整体的日常生活倾向与行为表现,进行日常行为与郊区居民生活方式的研究。相比于传统的郊区研究,日常行为与郊区生活方式的研究致力于解答"郊区居民的日常生活是怎样的"以及"受到哪些因素的影响"这两个核心问题。这一研究需要关注社会生活的基本要素——人——的行为模式,分析他们在城市中是如何组织自己的日常生活、怎样与郊区空间和城市中心区空间进行互动的。特别是强调不同群体的生活方式差异所体现出的郊区社会的复杂性与多样性,从而折射郊区发展过程中的社会不平等问题。

本书针对当前郊区研究中对日常生活及其群体差异的分析不足的问题,试图构建基于时空行为的郊区居民生活方式理论框架,建立郊区居民生活方式的测度体系,系统分析郊区居民生活方式的表现形式、群体差异及影响因素,透视中国大城市的郊区化发展,以丰富中国城市郊区研究的内容。具体目标包括:

(1) 构建基于时空行为的郊区居民生活方式研究的理论框架;

(2) 建立基于时空行为的居民生活方式的刻画指标与度量方法;

(3) 从制约视角对个体时空行为的影响因素进行分析;

(4) 通过生活方式的群体差异分析探讨郊区空间与生活方式的关系。

1.3.1 生活方式的概念界定

生活方式是人的基本存在方式和把握社会的基本方式,表现为可观察的和可表达的行为模式(Reichman,1977)。其概念最早来源于社会学,用于分析个体社会地位(Weber,1978)。一般来说,生活方式主要包括两方面的意义,一是作为活动和时间利用模式的行为类型,二是作为产生特定行为模式的行为导向(Van Acker et al.,2016)。生活方式研究在西方的发展经历了100多年的历史,在1970年代左右进入郊区研究的视野,主要体现在城市社会学对于郊区与城市差异的描述,强调对郊区居民的小群体分析。其后,交通学者提出生活方式代表了个体在有限资源制约下对于其活动和出行日常决策的偏好,并且开始从时空行为的角度测度和划分生活方式(Reichman,1977;Salomon et al.,1983;Scheiner,2010;Van Acker et al.,2016),认为通过对于不同家庭之间和家庭内部的通勤、购物、休闲行为以及活动—移动模式的汇总与比较分析,能够理解个体对于其作为家庭成员、工作人口和休闲消费者等社会角色的深层态度(Scheiner et al.,2003;Scheiner,2010)。这之后,从生活方式角度分析居民的群体差异从而理解不同的交通需求的研究开始增加,逐渐成为西方郊区研究的新的发展方向。

本书侧重考虑生活方式的行为类型学意义,将生活方式定义为日常生活中居民个体在有限资源的制约限制下形成的相对稳定的时空行为模式,由个体的社会角色（如作为家庭成员、就业者和休闲消费者）决定，并受到其可能利用的资源和时空间条件的制约，最终通过日常生活中的活动与移动行为表现出来。

1.3.2 生活方式与时空行为的关系解读

从时空行为建立生活方式的分析，首先需要对生活方式与时空行为的关系进行理解。总体而言，生活方式和日常时空行为都受到城市物质空间和社会环境的深刻制约。生活方式是人与城市环境长期相互依赖、相互作用所形成的社会结果，而日常行为则体现了城市空间过程对于个体生活的直接影响。例如，对于城市生活和社会地位的认同塑造了居民的行为方式和对于制度规则的适应过程；社会生产和公共时间的安排制约着居民的社会经历和日常生活；地理背景赋予了人们特定的社会关系和行为准则。基于行为视角构建郊区生活方式的研究框架需要从行为背景、行为决策机制和行为模式三个角度理解生活方式与日常时空行为的关系（图 1-1）。

首先，从行为背景维度上，生活方式和日常行为的关系通过长期地理背景的社会性与日常地理背景的空间性的互动关系实现。长期地理背景主要包括个体生命历程中的城市变迁，比如城市发展阶段、社会政策等，限定了日常行为的历史时空背景和制度性约束；日常地理背景作为个体日常行为的锚点，比如居住地、工作地等，形成了个体不同时期的时空间情景，构成了长期地理背景的空间内涵。其次，在行为决策尺度上，生活方式和日常行为的关系通过个体行为模式的层级决策实现。生活方式体现了个体社会地位和心理认同影响下的长期行为决策选择，包括住房、就业等长

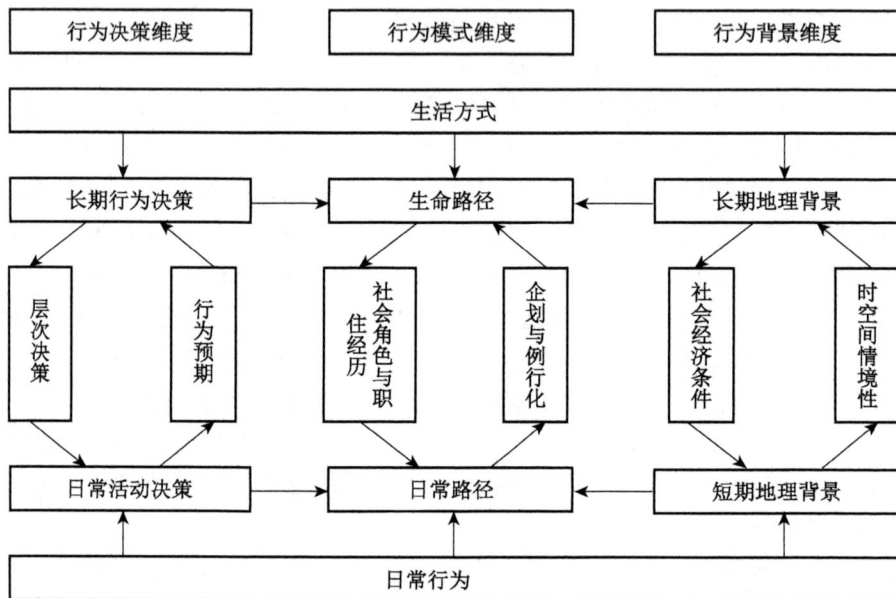

图 1-1 生活方式与日常时空行为的关系

期行为选择和汽车所有权为代表的移动性选择,这些长期决策会影响个体的空间认知、社会角色和移动能力,进而影响个人的活动与移动选择;日常行为的决策反过来又通过预期的效应来反馈、影响个体生活方式的调整。再次,在行为模式维度上,生活方式和日常行为的关系通过生命路径—日常路径的辩证关系实现。生命路径通过个体长期社会角色和居住就业经历的变化和持续,改变了个体的长期与日常目标,从而影响日常路径的模式;日常路径通过每一天日常活动的执行,完成特定生活方式下的生活需求,并且通过例行化过程形成惯常行为,导致个体社会生活的连续性。因此,日常行为与生活方式之间具有密切的相互关系,通过日常行为的研究能够为理解生活方式提供重要的视角。

1.3.3　理论框架

本书提出基于时空行为的郊区生活方式研究理论框架,认为生活方式受到宏观社会结构与微观个体时空背景的双重影响(图1-2)。在宏观层面,社会制度限制了居民生活方式的形成及其在日常生活中的表现。在城市尺度,行为主体在城市空间中进行各种日常行为,不仅受到宏观的社会制度结构的深层制约,也受到城市空间结构与郊区化的影响。在微观层面,个体的日常行为的计划与实施需要对自身具体的行为时空背景进行考虑,包括个体的社会关系环境、技术环境和地理背景环境。

首先,个体行为与其社会关系紧密联系。个体不是独立于社会存在的,而是作为家庭、朋友圈、同事伙伴等社会网络的一员。其日常行为的选择和长期生活方式的产生受到社会关系中不同群体的影响。首先,家庭作为个体最重要的首属社会关系,通过家庭资源分配与分工、家庭成员相互作用、家庭联合行为等对个体行为提出需求和限制,影响个体行为模式。其次,朋友、同事作为个体日常联系频率较高的社会关系,通过共同活动、相互帮扶等方式影响个体活动的时间和活动的选择。邻居与居民个体具有空间临近性,在日常行为上具有相似性,邻居有可能对个体行为提供帮助,也可能由于拥挤效应等限制个体行为。其他人和居民个体之间也可能存在空间和时间上的交互,影响其在城市中的行为结果。

其次,个体行为还与自身所处的技术背景密切相关。技术进步改变居民与城市空间、与其他人的相互作用方式,形成了当代城市居民社会分异的又一个重要影响因素。技术进步既涉及宏观层面整个社会对于某项技术的认可和推广程度,也包括微观层面某一个个人在其日常生活中对某项技术的利用程度。从时空行为的角度来看,对生活方式产生较大影响的技术包括机动化和信息化两个组成部分。机动化指个体对于汽车的所有权与使用权,影响个体的移动性和个体与城市空间的互动关系;信息化指个体对信息技术(如电脑、手机)的利用程度,影响个体的活动模式以及个体与其社会网络成员的交互。

社会制度结构

城市空间

郊区空间

技术进步
机动化　信息化

行为背景

地理背景
其他空间　邻里空间
活动空间　职住空间

社会关系
家庭　其他
邻里　朋友同事

行为主体

机会
时间可达
空间可达

制约
时空制约
资源制约

行为结果

日常行为
活动　出行
活动空间

群体汇总
行为汇总

生活方式
行为模式　生活导向

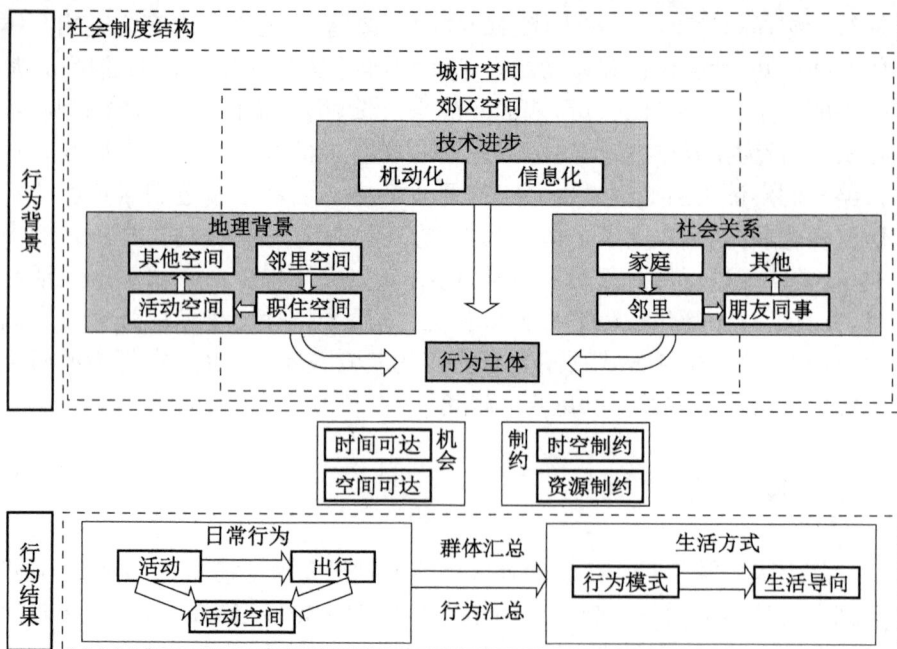

图1-2 基于时空行为的郊区居民生活方式理论框架

最后,个体行为与其空间地理背景密切相关。个体在城市与郊区空间中进行活动,必然受到这些直接接触的日常地理背景的影响,而且地理背景对个体行为的影响具有空间等级性。邻里空间作为居住决策选择形成的长期、稳定的直接居住环境,是居民进行日常行为决策的最基础的空间单元。职住空间是在居住与就业选择的双重影响下形成的,是居民日常生活的通勤锚点和廊道,在中期尺度上作为日常生活的主轴,有利于较稳定的惯常行为的形成,限制居民的日常行为选择。活动空间是居民整日活动形成的空间范围,表达了居民个体在短期(一日或一周)尺度上与城市空间互动的空间范围,也对居民日常行为具有影响。而其他城市空间居民到访频率较低,在特定行为或较低频时间尺度上影响行为的发生。

因此,个体需要在同时考虑自身社会经济属性、地理背景、社会关系、技术可获得性的基础上进行行为决策。一方面,这些因素为个体行为提供了机会与选择集;另一方面,这些因素对个体日常行为造成了时空制约与资源制约。时空制约主要指居民日常行为受到的时间和空间的制约因素,既包括其客观的时间预算和空间移动能力,也包括主观感受的时间和空间固定性。资源制约主要指居民经济、空间等资源的可获得性。

行为主体在机会与制约的权衡下进行日常行为的决策,并在城市空间中表现为行为结果。居民的行为结果在个体层面表现为活动的时空分布、出行的时空与方式选择和活动空间。通过对这些个体层次的时空行为进行汇总,构建基于时空行为的生活方式群体分析,并进而总结居民的生活导向。通过对生活方式群体的差异刻画,理解郊区化过程中生活方式的形成过程、表现形式与机理,进而理解中国城市郊区。

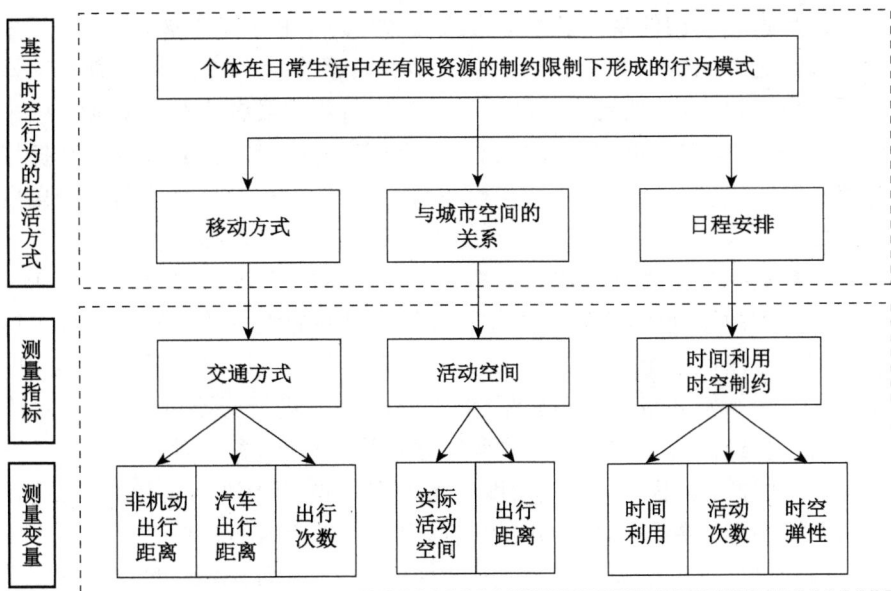

图 1-3 生活方式类型划分

1.3.4 生活方式类型的测度指标

本书从基于时空行为的生活方式概念出发,利用移动方式、与城市空间的关系和日程安排三个维度进行生活方式的测度(图1-3)。这三个方面综合表达了居民在城市生活过程中形成的较稳定的时空行为模式特征。移动方式用以衡量居民日常出行的特征,用交通方式选择和不同交通方式的出行距离进行测量,一般选择出行次数、非机动出行距离、汽车出行距离等交通领域中生活方式研究常用的变量。与城市空间的关系用以衡量居民日常活动的集中程度以及对城市空间的利用程度,用活动空间指标进行测量,采用实际活动空间和出行距离作为测量变量。日程安排用以衡量居民的整日活动特征,用时间利用和主观时空制约进行测量,选择时间利用、活动次数、时空弹性这三个时空行为研究常用变量作为测量变量。根据这些指标可以将居民按照生活方式进行分类,形成生活方式群体类型,进而分析不同类型居民与城市空间、郊区空间的互动关系。

1.3.5 研究特点

基于以上框架,基于时空行为的郊区居民生活方式研究有四个主要的特征。一是强调时空行为的分析。生活方式的内在导向受到复杂的意识、习惯、偏好等因素的影响,很难测量,而时空行为作为生活方式的外在表现,为研究生活方式提供了便利条件。因此,本书强调精细地刻画和分析时空行为特征。

二是强调制约的视角。生活方式的研究源于心理学领域,多强调了生活方式的选择而缺乏对于制约的思考。但是事实上个体的生活方式选择不可能完全自由,必然受到各种外界和自身因素的限制。对于郊区居民来说,宏观的城市空间重构、机动化发展与公交配置不足、交通系统及其拥堵等都必然形成生活方式的长期与短期制约。因此,本书强调从制约的角度进行分析,对时间制约和资源制约的表现形式进行深入的解读。

三是重视从个体到群体的汇总分析,强调群体差异。时空行为的研究强调个体和微观视角,进行非汇总的分析。这些非汇总的分析对理解个体的日常生活提供了有力的支持。但是,在理解郊区整体的生活方式形态以及郊区不平衡发展带来的不公平性的时候,需要进行必要的群体汇总,强调不同社会经济群体和生活方式群体之间的差异性,深化对于郊区异质性的理解。因此,本书将从不同角度对各类群体的行为进行比较分析,比较生活方式的群体差异,解读郊区化过程中日常生活的不公平性。

四是突出行为结果的汇总,强调时空整合。通勤、休闲、购物等不同类型行为的分析和时间利用、空间分布、交通方式等不同行为指标的分析已经在不同的城市有所展开,并贡献于对于郊区居民生活方式的理解。这些单一指标的刻画方式能够从不同维度分析城市空间对居民时空行为的影响,刻画居民就业空间、购物空间等特征,但是很难形成对生活方式总体特征的认识,也难以分析行为对于城市空间的反馈机制和需求变化。因此,本书将尝试利用地理信息系统(GIS)空间分析、聚类分析等方式对行为结果进行多维度的汇总分析。

本章参考文献

毕秀晶,汪明峰,宁越敏. 2011. 中国软件产业的空间格局及影响因素分析[J]. 经济地理,31(1):84-89.

柴彦威. 2005. 行为地理学研究的方法论问题[J]. 地域研究与开发,24(2):1-5.

柴彦威,胡智勇,仵宗卿. 2000. 天津城市内部人口迁居特征及机制分析[J]. 地理研究,19(4):391-399.

柴彦威,沈洁. 2006. 基于居民移动——活动行为的城市空间研究[J]. 人文地理,21(5):108-112.

柴彦威,塔娜,张艳. 2013. 融入生命历程理论,面向长期空间行为的时间地理学再思考[J]. 人文地理,28(2):1-6.

冯健,叶宝源. 2013. 西方社会空间视角下的郊区化研究及其启示[J]. 人文地理,28(3):20-26.

冯健,周一星. 2004. 郊区化进程中北京城市内部迁居及相关空间行为——基于千份问卷调查的分析[J]. 地理研究,23(2):227-242.

冯健. 2004. 转型期中国城市内部空间重构[M]. 北京:科学出版社.

刘望保,翁计传. 2007. 住房制度改革对中国城市居住分异的影响[J]. 人文地理,22(1):49-52.

刘志林,王茂军. 2011. 北京市职住空间错位对居民通勤行为的影响分析——基于就业可达性与通勤时间的讨论[J]. 地理学报,66(4):457-467.

马克·戈特迪纳,雷·哈奇森. 2011.新城市社会学[M]. 黄怡,译. 上海:上海译文出版社.

潘海啸. 2010.面向低碳的城市空间结构——城市交通与土地使用的新模式[J]. 城市发展研究(1):40-45.

申悦,柴彦威. 2013.基于 GPS 数据的北京市郊区巨型社区居民日常活动空间[J]. 地理学报,68(4):506-516.

宋金平,王恩儒,张文新. 2007.北京住宅郊区化与就业空间错位[J]. 地理学报,62(4):387-396.

塔娜,柴彦威,关美宝. 2015.北京郊区居民日常生活方式的行为测度与空间—行为互动[J]. 地理学报(8):89-98.

王德,农耘之,朱玮. 2011a.王府井大街的消费者行为与商业空间结构研究[J]. 城市规划,35(7):43-48.

王德,许尊,朱玮. 2011b.上海市郊区居民商业设施使用特征及规划应对——以莘庄地区为例[J]. 城市规划学刊(5):80-86.

王德,张晋庆. 2001.上海市消费者出行特征与商业空间结构分析[J]. 规划研究,25(10):6-14.

王兴中. 2004.社会地理学社会—文化转型的内涵与研究前沿方向[J]. 人文地理,19(1):2-8.

许晓霞,柴彦威,颜亚宁. 2010.郊区巨型社区的活动空间——基于北京市的调查[J]. 城市发展研究(11):41-49.

姚华松,薛德升,许学强. 2007.1990 年以来西方城市社会地理学研究进展[J]. 人文地理,22(3):12-18.

张景秋,陈叶龙,张宝秀. 2010.北京市办公业的空间格局演变及其模式研究[J]. 城市发展研究(10):87-91.

张艳,柴彦威. 2013.生活活动空间的郊区化研究[J]. 地理科学进展,31(12):1723-1731.

周一星. 2004.就城市郊区化的几个问题与张骁鸣讨论[J]. 现代城市研究,19(6):8-12.

周一星. 1996.北京的郊区化及引发的思考[J]. 地理科学,16(3):7-15.

Beck U. 1992. Risk society:towards a new modernity[M]. London:Sage Publications.

Chai Y. 2013. Space-time behavior research in China:recent development and future prospect[J]. Annals of the Association of American Geographers,103(5):1093-1099.

Chapin F S. 1974. Human activity patterns in the city:things people do in time and in space[M]. New York:John Wiley & Sons.

Cresswell T. 2006. The right to mobility:the production of mobility in the courtroom[J]. Antipode,38(4):735-754.

Garreau J. 1991. Edge city:life on the new frontier[M]. New York:Knopf Doubleday Publishing Group.

Geurs K T,Van Wee B. 2004. Accessibility evaluation of land-use and transport strategies:review and research directions[J]. Journal of Transport Geography,12(2):127-140.

Giddens A. 1984. The constitution of society[M]. Berkeley, CA: University of California Press.

Golledge R G, Stimson R J. 1997. Spatial behavior: a geographic perspective[M]. New York/London: The Guilford Press.

Hägerstrand T. 1970. What about people in regional science? [R]. Papers of the Regional Science Association,24:7-21.

Hägerstrand T. 1982. Diorama, path and project[J]. Tijdschrift Voor Economische En Sociale Geografie,73:323-329.

Kwan M P. 2012. The uncertain geographic context problem[J]. Annals of the Association of American Geographers, 102(5):958-968.

Kwan M P. 2013. Beyond space (as we knew it): toward temporally integrated geographies of segregation, health, and accessibility[J]. Annals of the Association of American Geographers, 103(5):1078-1086.

Laurier E, Philo C. 2003. The region in the boot: mobilising lone subjects and multiple objects[J]. Environment and Planning D-Society & Space, 21(1):85-106.

Lee J Y, Kwan M P. 2011. Visualisation of socio-spatial isolation based on human activity patterns and social networks in space-time [J]. Tijdschrift Voor Economische En Sociale Geografie, 102(4):468-485.

Lees L. 2002. Rematerializing geography: the 'new' urban geography[J]. Progress in Human Geography, 26(1):101-112.

Leitner H. 1989. Urban geography: the urban dimension of economic, political and social restructuring[J]. Progress in Human Geography, 13(4):551-565.

Li Z, Wu F. 2006. Socio-spatial differentiation and residential inequalities in Shanghai: a case study of three neighbourhoods[J]. Housing Studies, 21(5):695-717.

Li Z, Wu F. 2008. Tenure-based residential segregation in post-reform Chinese cities: a case study of Shanghai[J]. Transactions of the Institute of British Geographers, 33(3):404-419.

Massey D, Denton N. 1988. Suburbanization and segregation in US metropolitan areas [J]. American Journal of Sociology, 94(3):592-626.

McQuoid J, Dijst M. 2012. Bringing emotions to time geography: the case of mobilities of poverty[J]. Journal of Transport Geography, 23:26-34.

Reichman S. 1977. Instrumental and life style aspects of urban travel behavior[J]. Journal of Transportation Research Record,649:38-42.

Salomon I, Ben-Akiva M. 1983. The use of the life-style concept in travel demand models[J]. Environment and Planning A, 15(5):623-638.

Scheiner J. 2010. Social inequalities in travel behaviour: trip distances in the context of residential self-selection and lifestyles[J]. Journal of Transport Geography, 18(6): 679-690.

Scheiner J, Kasper B. 2003. Lifestyles, choice of housing location and daily mobility: the lifestyle approach in the context of spatial mobility and planning [J]. International Social Science Journal, 55(176):319-332.

Schwanen T. 2007. Matter (s) of interest: artefacts, spacing and timing [J]. Geografiska Annaler, Series B: Human Geography, 89(1):9-22.

Urry J. 2007. Mobilities[M]. Cambridge: Polity.

Van Acker V , Goodwin P, Witlox F. 2016. Key research themes on travel behavior, lifestyle, and sustainable urban mobility[J]. International Journal of Sustainable Transportation, 10(1):25-32.

Van Diepen A M L, Musterd S. 2009. Lifestyles and the city: connecting daily life to urbanity[J]. Journal of Housing and the Built Environment, 24(3):331-345.

Wang D, Li F, Chai Y. 2012. Activity spaces and sociospatial segregation in Beijing [J]. Urban Geography, 33(2):256-277.

Weber M. 1978. Status groups and classes[M]//Economy and Society: An Outline of Interpretive Sociology. Oxford University Press.

2 社会学视野下的生活方式

社会学者对生活方式保持着持续性的关注。早期的争论焦点在于指出城市生活与郊区生活、乡村生活的对立关系。很多学者都将城市性、城市主义等概念与生活方式相联系，将生活方式看作是城市环境的作用结果，致力于探讨城市生活方式的表现及其形成机制。近年来，郊区化与城市空间重构促进了社会的多元化发展，郊区生活方式逐渐进入人们的视野，并成为新的热点问题。特别是在新城市社会学的背景下，社会学界通过对于当今社会现代性发展与个人主义趋势的观察，放弃了宏大结构的分析，致力于从地方经验探讨生活方式的多样性。本章将从核心概念、发展过程、理论争议等方面论述社会学视野下城市与郊区生活方式的研究进展，为本书的写作开展提供启示与铺垫。

2.1 生活方式的概念

生活方式的概念源自心理学家阿尔弗雷德·阿德勒和社会学家马克思·韦伯、索斯滕·凡勃仑、皮埃尔·布迪厄等人对于现代性和个人主义的讨论。早期生活方式的理论探讨主要集中于社会学领域，特别是在社会学家对阶层、阶级和生活领域的探讨中运用十分广泛。学者提出当今社会存在阶层和社会地位之外的新的横向分异，而这种横向分异是由生活方式的概念体现的(Beck, 1992; Scheiner, 2010)。

韦伯(Weber, 1978)将生活方式看作是个体社会地位的三个决定因素之一，提出生活方式来源于个体对于自我生活圈子的预期，是一种群体属性。因此，生活方式被看作是一种可观察的和可表达的行为模式，并与社会地位密切相关。同一社会地位群体的居民在生活方式与行为模式上具有一致性，并通过对共同生活方式的认同形成内部凝聚和外部排斥的机制(Weber, 1978)。凡勃仑(Veblen, 1931)运用历史社会学的方法论述了特定的生活方式与社会阶级的相关性，在其著作《有闲阶级论》中，他把生活方式作为阶层地位和尊贵身份的社会标志进行研究，认为富裕阶层炫耀性的消费和休闲构成了有闲阶级的特征，展示了生活方式概念对于阶级和社会地位的认识价值和解释力。布迪厄(Bourdieu, 1984)则认为生活方式是一种表明个体社会地位的行为模式，个体依据其占有的资本数量和组成结构在二维的社会空间中占有一定的位置,资本数量可以用"没有"到"很多"来衡量,资本组成结构包括经济资本和社会—文化资本,从传统的社会经济变量来定义就是"社会地位的空间",从行为模式角度来定义就是"生活方式的空间"。总之,社会学家普遍认为生活方式是个体通过行为模式对于自己社会地位的一种表达。

但是生活方式不仅仅是可观察到的行为,生活方式也代表了个体的观点和动机。萨洛蒙和本-阿齐瓦(Salomon et al.,1983)区分了三种导向,即工作导向、休闲导向和家庭导向生活方式,布茨马等区分了五种生活方式导向,即家庭导向、工作导向、住房导向、消费导向和休闲导向生活方式(Bootsma et al.,1993;Van Acker et al.,2010)。因此,生活方式可以看作是不可见的个体内在属性,但是可以通过行为进行表达(Van Acker et al.,2010)。

2.2 经典城市社会学的生活方式理论

2.2.1 城市与城市生活方式

学者对于城市生活方式的最初关注来源于对于欧洲工业革命后大转型背景下的社会秩序的深入思考(马克·戈特迪纳等,2011),例如滕尼斯的"礼俗社会"与"法理社会"、韦伯的"传统社会"和"理性社会"等概念都提出工业化和城市化带来了传统乡村与现代城市之间的巨大差异。齐美尔以其经典论著《大都会与精神生活》,开启了西方城市生活方式的集中讨论。他强调城市生活经历与精神生活的关系,从文化的视角分析了城市生活是怎样改变了个人的感知并塑造了与乡村显著不同的活动模式和思考方式的(Simmel,1950)。他认为城市中的劳动分工、人口集中、城市环境复杂多变等导致了理性主义的生活哲学,指出在现代城市中,人们精神生活的特点是思维方式复杂而精细、过于理智、时间观念强、标新立异、冲动和对他人漠然等(Simmel,1950)。

城市作为一种生活方式(即 Urbanism)的正式提出是在 1938 年沃斯发表的经典论文《作为一种生活方式的城市性》中。沃斯强调,城市作为一种空间环境会影响个体行为,因而应当关注城市化是如何产生了独特的生活方式。他重视城市作为一种人类社会组织的重要性,认为城市生活方式实际上反映了城市背景和环境塑造出的一种新的人际关系、社会心理、价值观念和生活模式,包括竞争、专业化、浅薄认同、匿名交流、独立人格等(Wirth,1938)。沃斯的这一观点影响了其后很多社会学者对于城市生活方式的看法。例如,安德森(Anderson,1959)将城市生活方式定义为非人格、次级、契约型的生活方式,其典型的人际关系具有匿名和短暂性;克利纳德(Clinard,1960)将城市生活方式定义为包括非人格性、高度流动性和差别化联系在内的一系列社会关系特征;蒂特尔和斯塔福德(Tittle et al.,

1992)提出城市生活方式包括匿名性、包容性、较低的社区社会联系、人际疏离和越轨行为。这些观点都关注城市生活方式表现在社会关系和社会交往上的非传统性。

城市生活方式的概念是伴随着城市化出现的,二者共同描述了城市世界的基础特征。城市化研究关注城市起源和城市建设过程,研究城市人、组织、社会活动的空间过程;城市生活方式研究关注在城市社区中可能出现的各种生活方式,包括城市生活的社会心理方面、城市人格模式、行为适应、社会冲突与政治组织等(Palen,2012;马克·戈特迪纳等,2011)。城市生活方式常被看作是城市化的社会文化结果,是居住在城市中特定地方的居民对城市生活产生的社会与文化反应(Palen,2012)。

面对工业革命作用下的快速城市化,学者寻求对社会生活和市民心理的理解,认为城市化对城市生活方式具有决定性影响,沃斯、滕尼斯、齐美尔等都是这一理论的支持者。沃斯(Wirth,1938)的城市生活方式理论是理解城市与城市生活方式关系的重要理论基础,他提出人口数量多、人口密度高和人口异质性这三大城市核心特征有助于城市生活方式的构建。城市生活方式的形成来自于两个原因——城市景观的直接的心理影响(Milgram,2002)和动态变化的人口密度导致的复杂的结构性分异(Wirth,1938)。在心理层面,以齐美尔(Simmel,1950)为代表,提出复杂的城市环境对居民的紧张刺激的强化是居民世故性格和次属社会关系出现的动因。在社会结构层面,劳动分工与专业化导致社会关系的脆弱、人际关系的疏远和社会交往的匿名化(Wirth,1938)。城市化不再仅仅意味着人们搬迁到城市之中去、具有城市人的身份、被纳入城市生活体系的过程,也指城市居民与城市有关的生活方式特征不断增强的过程,将城市化与城市生活方式紧密相连(张俊,2009)。

2.2.2　郊区与郊区生活方式

高速公路建设和郊区快速发展使得学界开始关注郊区生活方式的特征。郊区既是一种空间形态上的演变结果,也是居民感知的认同产物,是人类生活活动的一种载体,人们的各种生活行为造就了郊区的重构(Clapson,2003)。

法瓦于1956年提出郊区同样代表了一种生活方式。他强调郊区的社会生态特征和社会心理特征,认为郊区的社会生态特征主要包括三个方面:①有子女的年轻夫妻家庭比例高;②中产阶级占多数;③拥有某些显著的物质形态特征,例如新建房屋、住房所有权、低建筑密度、私营住宅。而郊区的社会心理特征表现为郊区居民注重和睦的邻里关系,不像城市居民那样邻里关系淡漠(Fava,1956)。

甘斯(Gans,1962)的文章《作为一种生活方式的城市性和郊区性》,批判了沃斯把人类的生活方式与城市这一特定空间类别联系起来的观点,指出居住地属性与居民行为模式关系甚少,生活方式不能用空间地域类型去解释,而是可以用在该地域上的居民特性来解释。他分别对内城、外城和郊区的生活方式进行了分析和对比,发现外城和郊区的生活方式与沃斯的城市生活方式存在显著差异。他批判了当时流行的学术观点,指出人们向郊区的转移并没有创造出什么新的生活方式,而是一种自我选择过程,搬到郊区的人本身来郊区之前就表现出渴望或理性地想要得到这种生活方式。甘斯指出"对郊区居民的行为和个性模式的描述事实上只不过是对他们的阶层和年龄的描述"。

索恩斯(Thorns,1972)进一步整理了基于居民属性和生活特性的郊区生活方式定义,指出:郊区坐落于城市中心外围,但是属于城市系统的一部分;地理特征介于中心城与乡村之间;由于其多为居住区,因此通勤为郊区生活的主要方面;郊区在商品、服务和设施需求上依赖着中心城。

费舍尔综合了沃斯和甘斯的理论,提出了生活方式的"亚文化理论",进一步理解城市、郊区及其生活方式的关系。他的研究起始于希望在郊区化背景下验证沃斯理论的有效性,他提出沃斯理论有两个问题需要探讨,一个是究竟何种异质性最为重要,二是规模和密度在何种程度上对异质性产生影响(Fischer,1972)。他认为这两个问题的解决既关系到我们怎样理解城市生活方式的社会效应,也关系到我们怎样理解郊区的地位。他指出亚文化是在更大的社会系统和文化下存在的相对差异化的社会子系统中的信仰、价值、规范和习俗,亚文化群体在社会关系和组织中相互依赖、相互了解而产生共同规范和生活方式(Fischer,1975)。城市特征越强的地方,往往意味着亚文化的种类越多样、专业性越强、强度越高、扩散越广,而亚文化的自我强化、相互渗透或冲突会影响居民的行为与态度,鼓励和容忍反常的社会行为,导致反传统行为的比例升高(Fischer,1995),因此大城市与小城市、内城与外城、中心与郊区具有差异。将城市与亚文化的多样性与异质性相关联,他提出空间—生态因素是社会生活的决定性因素,但是非生态因素对行为的影响更大(Fischer,1975)。

2.3 新城市社会学的生活方式理论

2.3.1 "社会马赛克"与生活方式的多样化

1970年代,城市空间重构推动了学界对于生活方式多样性的认知,帕克(Park,1925)关于城市"社会马赛克"的论断和伯吉斯(Burgess,1925)同心圆模型中表现出来的社会多样性重新受到重视。"城市生活方式不存在一个统一的模式"成为普遍的共识(Gans,1962),而亚文化群体现象的凸显使得生活方式的多样性这一认识得到了进一步的强化与细化(Fischer,1995),研究的焦点从整体层面的城市社会生活变迁逐步转变到生活方式的阶层差异、性别差异、种族差异等,关注社会分异及其空间表现。

生活方式的多样化引起了结构主义学者对于城市生活方式概念的批判,认为这些观点缺乏对经济与社会结构的关注。哈维(Harvey,1973)认为城市生活方式可以看成是特定形式下的社会过程,这种社会过程在结构化的空间环境中展开,在强大的资本主义影响下有其自己的发展动力。吉登斯认为,沃斯企图超越制度、文化、历史、地理等因素建立起普遍的城市生活方式研究框架是不明智的,任何认为"有关城市的普适理论只要以城市自身的特征为基础"就可以建立的想法都是错误的,这种观点忽视了场所的区域化和日常生活的例行化等关键特征,城市只是更广泛社会的一部分。他建议放弃宏大构架,而从地方经验和区域差别开始研究(Giddens,1984)。卡斯特尔认为城市生活和城市都无法成为独立的研究对象,沃斯在城市空间与城市生活之间制造了一种伪相关关系,城市生活方式是更广泛的经济与社会结构的反映,是资产阶级工业化的文化表现,是市场经济和现代社会理性化进程的产物。他建议从集体消费的角度来定义城市,提出城市生活方式是随时间、地点和特定群体的利益表达而变化的,因此可以将城市看作是特定历史条件赋予特定空间的社会意义,把城市空间作为集体消费的空间(Castells,1983)。

2.3.2　社会—空间互动视角下的生活方式

　　社会—空间互动视角强调社会与空间因素的相互作用对生活方式的影响。城市居住给家庭提供了丰富的设施、服务的可达性、从事不同日常任务和循环活动的最小化组合制约的机会。显然这是城市对一些居民构成吸引力的重要原因。但是对于另一些人则不仅仅如此,城市的功能将居民与他们特定的地域紧紧地联系在一起。城市住房和居住是日常生活的基础条件,是根据家庭结构和收入做出的重要生命决策的结果(Karsten,2007)。虽然伴随着经济结构变化、过度城市化、大规模机动化和大众传媒的发展,乡村早在1960年代就建立起了所谓的城市生活,但是城乡之间的生活方式差异依旧很大,而且空间差异在城市中也依旧是显而易见的,居住环境的差异依旧影响着生活方式的分布(Scheiner et al.,2003)。

　　在城市尺度上,空间与生活方式存在着互动过程。一方面,作为一种社会空间,城市环境能够塑造社会生活(Giddens,1984),并将生活方式的差异体现在其在特定环境中的具体化特征上。这一观点来自于恩格斯对于工业资本主义制度下的城市日常生活的描述,他指出工业化与资本主义被空间所强化,形成了现在城市与传统乡村的鲜明对照(马克·戈特迪纳等,2011)。亚文化理论也提出,人会在城市中主动地选择生活方式(Fischer,1975),即使一开始人群是均质分布的,空间临近、功能互补、文化混合等因素也将推动亚文化群体在城市中的空间聚集,进而亚文化群体内部会出现自我认同和组织团结,通过正式的制度性保护和非正式的社会网络形成紧密的社区联系,形成空间分异的格局(Fischer,1975)。而新城市社会学认为,社会地位决定了人对居住地的消费,进而产生了地址和邻里作为一种符号对于人的意义(马克·戈特迪纳等,2011)。例如,在美国城市的第三次转型浪潮下,洛杉矶为代表的多中心后现代大都市以蔓延、破碎化、专业化为特征,在全球化、网络社会和社会极化的驱动下,在同一个都市环境内部,由于边缘城市、私有住宅区、异邦文化、主题公园城市、设防城市等的隔离,不仅在规划、建筑方面具有差异,而且在社会心理、社会交往和行为模式等生活方式属性上也表现出巨大的反差(Dear et al.,1998,2008),代表了城市中不同群体生活方式的分异与隔离。另一方面,生活方式作为一种社会文化符号,影响了居民对于空间意义的理解,进而重新塑造了空间在城市内部的地位,例如西方出现的绅士化现象,年轻的中产阶级以自己的生活方式改造内城中心衰败社区的原貌,带来了空间印象的整体改变。

在全球或区域尺度上,随着现代通讯技术的发展,基于媒体的城市生活方式兴起,学者对媒体是否会带来一个全球化的普遍的城市生活方式进行了讨论。一部分学者提出现代技术的发生可能导致了生活方式多样性的降低,产生了文化的同质性和相同的生活方式,关注西方的城市意象、价值和态度向发展中国家的复制和拓展,典型的观点包括麦当劳化、好莱坞化等(Crewe et al.,1998)。另一部分学者指出这样的观点低估了传统生活方式的深度和弹性,城市生活方式是植根于特定的文化之中,文化多样性的存在意味着不存在唯一的地方性反馈,只要空间的重要性不消失,那么城市生活方式的独特性就会存在(Fischer,1995)。

2.4 生活方式与行为

2.4.1 生活方式与越轨行为

源于城市与乡村的优劣之争,早期城市生活方式研究的争议焦点在于城市化的社会效应,即城市生活方式是不是代表着非传统的行为和信念(Fischer,1975)。有学者认为,现代城市带来的强烈环境刺激导致了居民复杂和世故的性格(Simmel,1950),专业化与高流动性带来了冷漠的社会关系与匿名的交往模式(Wirth,1938),最终形成了社会解组与行为异化。这样的观点得到了当时芝加哥学派民族志研究成果的支持,研究发现芝加哥城市中的少数群体到达大城市后确实出现了社会解组的现象(W. 托马斯等,2000),隔坨区、贫民窟面临着城市化过程中的巨大变迁(Zorbaugh,1929),即使在成熟的城市社区中也广泛地存在着疏离、越轨、犯罪等非传统的行为模式(Fischer,1995)。这些理论和实证研究认为城市强化了社会人际关系的冷漠和疏离,导致了群体关系的削弱,塑造了偏差行为的盛行,引致了社会解组等问题。但是,他们的观点受到当时美国城市社会发展的极大制约:当时美国城市快速城市化与工业化导致城市人口具有极大的流动性和不稳定性,这种流动性导致了社会矛盾激化、道德沦丧、城市环境恶化等社会问题。

这一时期的研究强调犯罪、福利诈骗、同性恋、吸毒等越轨行为的研究(Cohen et al.,1979;Tittle et al.,1992),关注城市生活方式与非传统行为的关系,认为大城市代表着对于越轨行为的宽容和容忍(Tittle et al.,1992)。例如,一些研究提出,在当代美国社会,社区越大,谋杀犯罪率越高(Land et al.,1990)。学者从社会规模、犯罪亚文化群体等角度对这些犯罪行为在城市中的发生进行了解释(Sampson et al.,1989;Fischer,1995)。除了对犯罪行为的研究,其他非传统性的行为也受到了关注,例如研究发现,城市居民比乡村居民更有可能吸食大麻、偷税等(Tittle,1989),富有的城市居民比乡村居民更有可能赚取不义之财(Rank et al.,1993),大城市更有可能发生同性恋等不符合传统价值观的行为(Rogers et al.,1991)。

2.4.2 生活方式与日常行为

随着郊区化和都市空间重构,城市社会所显示出来的多样性和创造性受到了学者的关注。以甘斯和费舍尔(Fischer,1995)为代表的学者认为城市生活方式并不一定带来社会解组和道德混乱,特别是在个体层面,城市生活方式并不意味着反传统行为的必然发生。出于对城市中多样化的小群体社会现象的兴趣,以人际距离、小群体生态学、拥挤为代表的人类空间行为研究开始进入城市研究的视野,对城市生活方式的生态因素、文化因素和环境因素进行了细致的分析(Baldassare,1978)。怀特的《街角社会》、甘斯的《都市里的村庄》、费舍尔的《城市经历》等经典研究发现城市居民之间存在亲密的邻里关系与地方社区感,会利用邻里关系来进行社会交往和获得各种社会支持,大城市中依旧存在着个人的关系纽带、亲密的首属群体和传统的社区生活(Lewis,1952)。

近年来,城市日常生活方式的研究逐步开展,强调人与城市物质实体相互依赖所形成的社会结果(Schwanen,2007)。普雷德从时空中特定的文化、经济、政治制度的再生产与特定个体生命史、知识构建和时空行为的相关性出发,提出个人的日常路径和地方感形成了城市结构的持久性,人类活动对于自然的利用和转变形成了城市生活方式的创造性环境(Pred,1981;Giddens,1984)。吉登斯(Giddens,1984)也认为现代的城市生活方式是通过一种新的时空组织类型来表达的,形成了城市人不同的行为模式。所以,对于生活方式的研究需要理解生活是怎样被计划的以及城市中地方的意义和使用是怎样的(Rotenberg,2002)。社会学的研究开始关注个人的空间认知、超负荷刺激、个人控制和社会控制、角色和象征意义等,强调社会结构的行为影响机制以及行为所反映出的社会关系(Baldassare,1978)。

2.5 小结

伴随着城市化进程的加深和城市社会问题的凸显,关于日常生活方式的研究越来越成为城市研究的主题。过去的100多年,西方城市研究逐渐从开端走向成熟。最初,学者关注社会与心理层面的城乡差异、城郊差异,应用城市生活方式理论探讨城市生活整体特征,直接影响了地理学和社会学对于城市生活的认识。这一系列研究更加关注城市是通过怎样的机制塑造了城市生活,从空间决定论到亚文化理论,学者通过对于空间和社会因素的讨论,分析城市非传统性的出现机制。这一研究主题对于现在的城市研究依旧重要,影响到我们对于城市、郊区、乡村这样一些基本地理概念的认识和分析视角。

近40年来,西方城市社会经济的多元化使得学者们越来越意识到,城市生活本身也是一个多面体,植根于不同社会网络关系的多种生活方式层出不穷(Fishman,1994),城市作为一个包容性的空间承载了复杂多样的生活方式。空间与社会因素的相互作用塑造了个体个性化的生活方式选择,同时也导致了社会空间分异和社会不平等。对于不同群体、不同空间、不同行为的细致讨论使得生活方式的研究从集合走向分散。

学者们普遍的共识是生活方式是不固定的,是随时间和地点而变化的,并不存在一种统一的城市或者郊区生活方式,应该关注生活方式在时间和空间上的持续扩展。对城市居民日常生活的理解应当从作为整体的城市或郊区生活方式的研究转向对城市中的生活方式的研究。同时,社会学中生活方式理论的行为观逐渐从悲观的行为异化论向城市作为创造性环境的观点转变,所研究的行为内涵逐渐从越轨行为向日常行为转变。日常行为作为居民心理、态度的外化反映,体现了城市空间对于群体与个体生活方式的直接影响。在此背景下,越来越多的研究致力于细致分析城市中的生活方式及其群体差异特征。生活方式的概念对于目前的城市生活研究更加有意义,有利于分析城市中复杂环境背景与社会关系带来的差异化的居民日常行为,进而强调城市生活的活力与创造性。

本章参考文献

马克·戈特迪纳,雷·哈奇森. 2011. 新城市社会学[M]. 黄怡,译. 上海:上海译文出版社.

W. 托马斯,F. 兹纳涅茨基. 2000. 身处欧美的波兰农民[M]. 张友云,译. 南京:译林出版社.

张俊. 2009. 都市生活与城市空间关系的研究[J]. 同济大学学报(社会科学版)(4):51-58.

Anderson N. 1959. Urbanism and urbanization[J]. American Journal of Sociology, 65(1):68-73.

Baldassare M. 1978. Human spatial behavior[J]. Annual Reviews of Sociology, 4(1):

29-56.

Beck U. 1992. Risk society: towards a new modernity [M]. London: Sage Publications.

Bootsma H, Camstra R, de Feijter H, et al. 1993. Leefstijl, een dynamische levensoriëntatie, [Lifestyle, a dynamic life orientation][J]. Rooilijn,26:332-337.

Bourdieu P. 1984. La distinction[M]. London: Routledge.

Burgess E. 1925. The growth of the city: an introduction to a research project[M]// Park R, Burgess E. The City. Chicago: University of Chicago Press.

Castells M. 1983. The City and the grassroots: a cross-cultural theory of urban social movements[M]. Berkeley, CA:University of California Press.

Clapson M. 2003. Suburban century: social change and urban growth in England and the United States[M]. Oxford: Berg.

Clinard M B. 1960. A cross-cultural replication of the relation of urbanism to criminal behavior[J]. American Sociological Review, 25(2):253-257.

Cohen L, Felson M. 1979. Social change and crime rate trends: a routine activity approach[J]. American Sociological Review, 44(4):588-608.

Crewe L, Beaverstock J. 1998. Fashioning the city: cultures of consumption in contemporary urban spaces[J]. Geoforum, 29(3):287-308.

Dear M, Dahmann N. 2008. Urban politics and the Los Angeles school of urbanism [J]. Urban Affairs Review, 44(2):266-279.

Dear M, Flusty S. 1998. Postmodern urbanism[J]. Annals of the Association of American Geographers, 88(1):50-72.

Fava S F. 1956. Suburbanism as a way of life[J]. American Sociological Review, 21 (1):34-37.

Fischer C S. 1972. Urbanism as a way of life:a review and an agenda[J]. Sociological Methods & Research, 1(2):187-242.

Fischer C S. 1975. Toward a subcultural theory of urbanism[J]. American Journal of Sociology, 80(6):1319-1341.

Fischer C S. 1995. The subcultural theory of urbanism: a 20th-year assessment[J]. American Journal of Sociology, 101(3):543-577.

Fishman R. 1994. Urbanity and suburbanity: rethinking the 'burbs'[J]. American Quarterly, 46(1):35-39.

Gans H. 1962. Urbanism and suburbanism as ways of life: a reevaluation of definitions [M]//Rose A. Human Behavior and Social Processes. Boston, MA: Houghton Mifflin:625-648.

Giddens A. 1984. The Constitution of society[M]. Berkeley, CA: University of California Press.

Harvey D. 1973. Social justice and the city[M]. London: Edward Arnold.

Karsten L. 2007. Housing as a way of life: towards an understanding of middle-class families' preference for an urban residential location[J]. Housing Studies, 22(1): 83-98.

Land K, McCall P, Cohen L. 1990. Structural covariates of homicide rates: Are there any invariances across time and social space? [J]. American Journal of Sociology,

95(4):922-963.

Lewis O. 1952. Urbanization without breakdown: a case study[J]. The Scientific Monthly,75(1):31-41.

Milgram S. 2002. The urban experience: a psychological analysis[M]//Gmelch G, Zenner W. Urban Life: Readings in the Anthropology of the City. Long Grove: Waveland Press:83-92.

Palen J J. 2012. The urban world[M]. Boulder, Colo: Paradigm Publishers.

Park R. 1925. The city: suggestions for the study of human nature in the urban environment[M]// Park R, Burgess E. The City. Chicago: The University of Chicago Press:1-46.

Pred A. 1981. Social reproduction and the time-geography of everyday life[J]. Geografiska Annaler, Series B: Human Geography, 63(1):5-22.

Rank M, Hirschl T. 1993. The link between population density and welfare participation[J]. Demography, 30(4):607-622.

Rogers S, Turner C. 1991. Male-male sexual contact in the USA: findings from five sample surveys, 1970—1990[J]. Journal of Sex Research, 28(4):491-519.

Rotenberg R. 2002. The metropolis and everyday life[M]//Gmelch G, Zenner W. Urban Life: Readings in the Anthropology of the City. Long Grove: Waveland Press:93-105.

Salomon I, Ben-Akiva M. 1983. The use of the life-style concept in travel demand models[J]. Environment and Planning A, 15(5):623-638.

Sampson R, Groves W. 1989. Community structure and crime: testing social-disorganization theory[J]. American Journal of Sociology, 94(4):774-802.

Scheiner J, Kasper B. 2003. Lifestyles, choice of housing location and daily mobility: the lifestyle approach in the context of spatial mobility and planning[J]. International Social Science Journal, 55(176):319-332.

Scheiner J. 2010. Social inequalities in travel behaviour: trip distances in the context of residential self-selection and lifestyles[J]. Journal of Transport Geography, 18(6):679-690.

Schwanen T. 2007. Matter(s) of interest: artefacts, spacing and timing[J]. Geografiska Annaler, Series B: Human Geography, 89(1):9-22.

Simmel G. 1950. The metropolis and mental life[M]//Woliff K. The Sociology of Georg Simmel. Glencoe, IL:Free Press:409-424.

Thorns D C. 1972. Suburbia[M]. London: MacGibbon & Kee.

Tittle C R, Stafford M C. 1992. Urban theory, urbanism, and suburban residence[J]. Social Forces, 70(3):725-744.

Tittle C. 1989. Urbanness and unconventional behavior: a partial test of Claude Fischer's subcultural theory[J]. Criminology, 27(2):273-306.

Van Acker V, Witlox F. 2010. Car ownership as a mediating variable in car travel behaviour research using a structural equation modelling approach to identify its dual relationship[J]. Journal of Transport Geography, 18(1):65-74.

Veblen T. 1931. The theory of the leisure class: an economic study of institutions [M]. New York: The Modern Library.

Weber M. 1978. Status groups and classes[M]//Economy and Society: An Outline of Interpretive Sociology. Oxford University Press.

Wirth L. 1938. Urbanism as a way of life[J]. American Journal of Sociology, 44(1): 1-24.

Zorbaugh H. 1929. The Gold Coast and the slum: a sociological study of Chicago's near north side[M]. Chicago: University of Chicago Press.

3　时空行为视角的生活方式

近五十年来,时空行为研究在理论、方法与实证方面都取得了长足的进展。以行为主义地理学、时间地理学、活动分析法为核心的行为论研究体系不断完善,逐渐建立起微观个体行为与整体社会结构结合、短期行为与长期行为结合、主观能动性与客观制约结合的理论体系。时空行为研究试图解答居民日常生活的模式及其形成机制,因而在理论与实践上都对生活方式的解读进行了不懈的努力。本章在介绍时空行为研究经典理论与核心概念的基础上,系统梳理时空行为视角下生活方式研究的理论与实证进展。

3.1　时空行为研究经典理论

3.1.1　行为主义地理学

行为主义地理学将心理学的相关理论及概念引入地理学,试图了解人们的思想、感观对其环境认知及空间行为决策的影响机理。行为主义地理学框架下的空间行为研究测量并分析人们的态度和期望、风险和不确定性、学习与习惯的形成、决策与选择、地方偏好、认知地图以及获取空间知识的一般过程,偏重空间过程的成因及后果,用计量方法来证实小规模人群的空间行为模式,重视个人态度、认知及偏好对其空间行为产生的影响(Golledge et al.,1997;柴彦威等,2008a)。行为主义地理学采用行为论方法来研究人地关系,其最主要特征就是从强调形态转向强调过程(Golledge et al.,1997),认为空间行为可以通过认知过程进行解释(Gold,1980),具有强调过程、微观个体、人的主体性与主观认知、决策与选择等特点。

特别是1990年代以来,在地理学社会转向的影响下,行为主义地理学研究越来越关注现实的社会问题,与社会政策、福利地理等的联系越来越紧密,注重构建日常生活的地理学(柴彦威等,2008b,2011)。一方面,行为主义地理学解决社会问题的现实指向性不断增强,逐渐把偏好选择过程视为制约下的结果,在更大的社会结构背景中去考察行为的发生过程(Desbarats,1983;Golledge,1993)。另一方面,行为主义地理学研究开始向空间行为分析以外的领域拓展，与文化地理学、景观生态学、女性主义地理学等产生关联，发展了弱势群体、性别差异、生命周期等崭新的研究视角（Kitchin，1996；柴彦威等，2003，2008b）。

3.1.2 时间地理学

时间地理学源于瑞典著名人文地理学家哈格斯特朗对计量革命时期区域科学研究范式的反思。哈格斯特朗批判区域科学研究中对人的基本假设的机械化和对个体差异性的忽视，通过构建"时空""生命路径""制约"等一系列概念及符号系统而形成了时间地理学。时间地理学强调基于微观个体的分析，致力于建立微观个体情境与宏观汇总模式之间的联系，试图通过微观分析折射宏观问题（Hägerstrand，1970；Lenntorp，1977；柴彦威，2005）。

针对社会生活中的人，哈格斯特朗提出了八条根本性的命题：①人是不可分的；②每个人的生命是有限的；③人在某个时间同时完成多项任务的能力是有限的；④完成任务需要花费一定的时间；⑤人在空间中移动需要花费时间；⑥空间的承载能力是有限的；⑦任何领地空间都存在有限的边界；⑧现状必然受到过去状况的制约（Hägerstrand，1970；柴彦威，1998）。通过这八条根本性命题，可以看出时间地理学独特的个体观和时空观，强调个体生命经历的连续性和个体在时空中受到的制约。哈格斯特朗提出三类制约——能力制约（capability constraints）、组合制约（coupling constraints）、权威制约（authority constraints）（Hägerstrand，1970）。通过这一概念，时间地理学提出了理解人与人之间以及人与物质环境之间互动关系的认识论，也提供了理解个体如何形成并影响社会并且同时又如何受到社会制约的方法论。

1980年代，面对来自人文主义、女性主义等理论流派的批判，时间地理学逐渐转向对时空间中生活关联性的思考，转向探索制约下的能动性，提出了企划的概念。企划（project）是指为了实现任何意愿性或目标性的行为而需要开展的一系列简单或复杂的活动（Pred，1981；Hägerstrand，1982）。人们为了实现企划会利用有限的时空资源来克服制约，在原有的制约框架下加入对主观能动性的考虑（Lenntorp，1999），用来捕捉特定环境与社会背景中的人与事物的当时当地性（Hägerstrand，1982）。因此，将个体作为一个时空中连续存在的整体，强调制约和企划的相互作用，时间地理学为研究个体日常生活提供了理论框架。

随着时间地理学方法在地理和规划领域应用的工具化，大规模、高精度的个体时空行为数据的可获得性[如手机、全球定位系统（GPS）等]、GIS在地理可视化和地理计算中的广泛应用以及对网络社会中虚拟行为与虚拟空间的关注（例如赛博空间的出现）等，为时间地理学注入了新的活力（Chai，2013；柴彦威等，2009；赵莹等，2009）。

3.1.3 活动分析法

活动分析法的理论基础来源于蔡平和哈格斯特朗的理论框架。其中,蔡平(Chapin,1974)的研究从社会学视角提供了隐藏在家庭活动系统背后的活动动机分析,提出城市活动系统的概念,明确指出时间和空间对行为模式具有影响。1980年代,城市交通领域在他们理论的基础上发展了活动分析法,提出移动行为是活动的派生需求,把居民活动和移动综合起来,形成城市居民活动—移动系统。这一概念成为活动分析法的核心概念,强调城市中每个居民为了满足特定需求而完成一些惯常行为,在特定时空间制约下参与的活动与移动行为,并在行为过程中与所属的社会团体(如家庭、企业和组织部门等)的其他成员进行相互作用(Chapin,1974;Timmermans et al.,2003)。

在活动分析法的框架下,活动被作为一种常规发生的习惯行为(例如上班、购物等),活动模式则通过时间预算、活动地点及其之间的出行所形成的活动链进行定义。"如何描述和解释城市中的生活方式,即人们如何完成不同的日常事务、扮演不同的社会角色,并具有自己鲜明的态度"是活动分析法研究中的核心问题(Chapin,1974)。其将强调主观能动性的行为理论与强调客观制约的时间地理学理论相结合,把人们对活动的偏好和受到的制约分别放在需求和供给层面进行综合考虑,提出了解释人类活动模式的一般性理论框架(柴彦威等,2008a)。

3.2 时空行为研究的核心概念

3.2.1 时空路径

时空路径(space-time path)是时间地理学的核心概念,用以表达微观个体在时空中的连续运动轨迹,即在三维的时空间坐标中用二维坐标表示空间、第三维坐标表示时间(Hägerstrand,1970)。通过路径的概念,时间地理学首次将时间和空间在微观层面上结合起来,从微观个体的角度去认识人的行动及其过程的继承性。

时空路径的早期表达往往使用示意图的方法,用手绘图的方式展示24小时的路径信息(Lenntorp,1977)。随着GIS技术的发展,学者开始探索在GIS环境下进行时空路径的三维空间表达,并将城市相关地理图层[如路网、兴趣点(POI)等]作为底图,以增加近景可视化和增强地理背景的真实性。初期由于基于问卷数据进行分析,对个体时空路径进行了一定的简化,特别是出行过程简化为两点间的直线(Miller,1991;Kwan,2000)。如图3-1所示,这一空间表达方法能够将时空间中的活动轨迹和出行连线进行清楚的展示,以发现活动日志中各种行为规律。

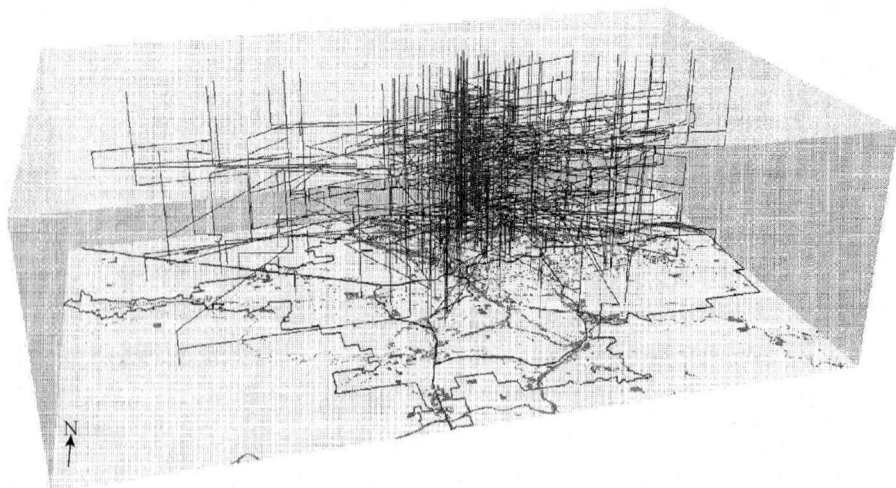

图 3-1 基于问卷数据的时空路径展示

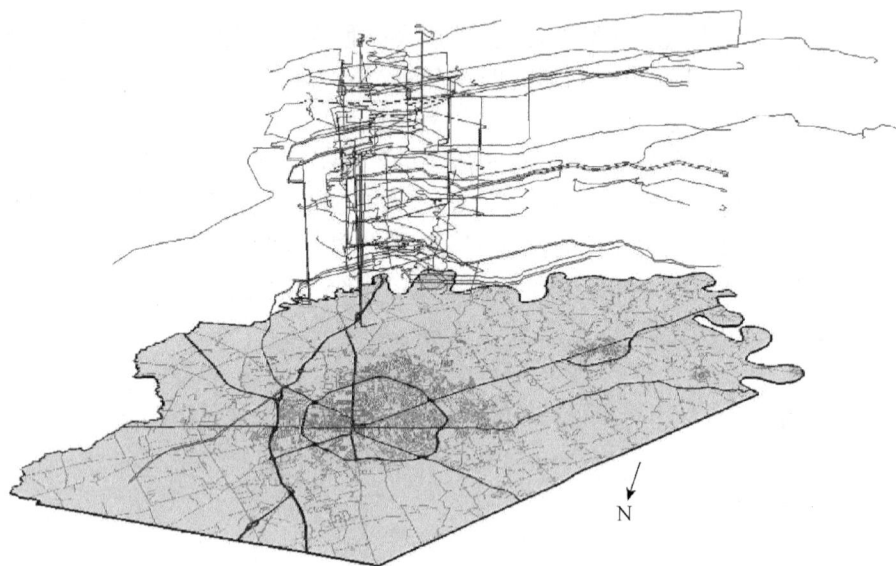

图 3-2 基于 GPS数据的时空路径展示

随着 GPS 数据采集技术的成熟,学者开始运用 GPS 来记录个体详细的行为轨迹,从而探索其行为模式的细节特征。如图 3-2 所示,关美宝等运用 1997 年在美国肯塔基州列克星敦市借助 GPS 收集到的个体出行数据,绘制了三维时空路径图,发现家中无小孩的女性在出行时大部分利用高速公路和主干道(Kwan et al.,2004)。国内学者近些年也开始探索基于 GPS 和手机数据的时空路径表达(申悦等,2013)。

3.2.2 时空弹性

时空弹性反映了人们受到的时空制约以及拥有的机会,在一定程度上决定了个体的移动能力与时空可达性;同时,时空弹性也反映了个体的生活质量,不同人群时空弹性的差异则可以用来揭示社会公平等问题。

在时空弹性的测度方面,早期研究多采取二元分类的方法(Hägerstrand, 1970),即按照活动类型或出行目的来判断活动是固定的或弹性的(Arentze et al.,2001;Schwanen et al.,2003)。而近些年,随着对于活动的时空固定性和弹性的重要研究意义的认识,学者开始采用问卷收集被调查者主观汇报的活动弹性程度的数据(Cullen et al.,1975;Kim et al.,2003;Schwanen et al.,2008;塔娜等,2015),一般通过询问居民活动/出行的时间或地点是否可以改变以及改变的程度来评估时空弹性。

3.2.3 活动时空密度

活动时空密度为分析活动的时空间分布,特别是日常活动与居住空间的关系提供了有效的研究工具。从时间地理学框架出发,家被认为是对于个体具有重要社会意义的驻点,各类活动的展开具有围绕家向外拓展的地理衰减特性。因此,活动时空密度方法采用构建时空坐标系的方法展示活动在时空间上与家的相互作用关系(图 3-3):以活动开始时间为 X 轴,以活动离家距离为 Y 轴(Kwan,1999),之后以活动持续时间为权重进行核密度分析(张艳等,2011)。由于这一方法能够同时揭示活动在时间和空间中的密度分布,因此便于分析时空间的相互关系(Kwan,1999)。

3.2.4 活动空间

活动空间是检验个体活动—移动行为、表述个体对城市空间利用方式的重要概念(Chapin,1968;Newsome et al.,1998)。活动空间是个体每日生活中直接接触的一系列地点的集合(Golledge et al.,1997),其测量方法主要包括标准椭圆法、最小凸多边形法、最短路径法、核密度法和缓冲区分析法(Newsome et al.,1998;Schönfelder et al.,2003;Zenk et al.,2011)。

钮瑟曼等认为活动空间是个人或家庭完成一日全部活动所基于的地理空间,他用椭圆作为表达方式,椭圆长/短轴之比反映出活动地点、时空制约等信息。其优点是椭圆直接与真实空间对应,为活动日志获取的外显行为的分析提供了很好的媒介(Newsome et al.,1998)。与此类似,最小凸多边形法用覆盖所有活动点的内角之和小于 180 度的最小面积代表活动空间,用来表现个体日常活动的地理空间范围(Horton et al.,1971;Fan et al.,2008;Wong et al.,2011;塔娜等,2015)。这两个方法的问题在于所构造的活

图 3-3 活动时空密度表面

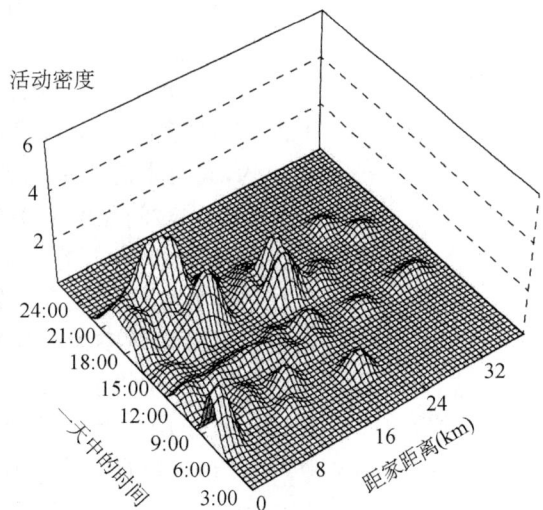

动空间面积往往远大于实际的活动地域面积(Buliung et al., 2008)。核密度分析法将一系列点转换为能够表达点密度的连续的面(Schönfelder et al., 2003)。这一方法能够反映活动空间内部的异质性,即能够突出显示访问最为频繁的空间,因此可以通过设置门槛值进行活动空间的提取,将访问频率大于一定门槛值的空间提取出来,但是搜索半径、栅格半径和空间提取的门槛值都会影响活动空间提取的准确性。另外,研究还常用描绘个人活动地点之间路网联系的最短路径网络分析,并构建最短路径的缓冲区来描绘活动空间(Schönfelder et al., 2003)。而 GPS 数据的出现为使用时空轨迹的缓冲区进行活动空间分析提供了便利。使用缓冲区分析方法的活动空间信息最为真实,但是缓冲半径对于基于缓冲区分析的活动空间具有显著影响,因此在进行缓冲区分析时,选择合理的分析半径至关重要(申悦等,2013)。

3.3 时空行为视角的生活方式理论探索

3.3.1 时间地理学:长期行为与短期行为的互动关系

时间地理学关注个体生活的连续性,从长期行为—短期行为互动关系的角度,构建了对于长期生命路径选择和日常行为之间的关系,用于分析社会变迁的微观影响。哈格斯特朗(Hägerstrand, 1970)认为,生命事件的分析需要强调其关联性和时序性,因而用路径的概念来表示一个人在不同时间尺度上在制约和企划的双重作用下的连续经历变化(Pred, 1981;Lenntorp, 2004)。企划中的各种任务根据内在的逻辑关系形成一定的秩序,导致了路径在时空中的交汇,从而形成了每天城市中的各种路径的组合和消散模式。路径和企划的概念通过将人的活动置于自身活动序列和活动地点背景中,允许我们将看似不相关的活动和事件作为一个整体进行表达,对于理解城市社会中个体行为特征的形成具有重要的意义。

时间地理学从生命路径—日路径辩证关系(the life path-daily path dialectic)的角度出发,认为日常生活的细节是植根于过去的个人路径和企划中的,同时也是未来的这种长短期相互作用的潜在基础(Pred, 1981),因而在不同时间尺度上将社会经济制度与个人的日常生活结合起来分析。普雷德认为,一个人的生命史通常是长期社会角色的覆盖与继承,这些角色往往与其家庭和教育背景等相关,会导致个体特殊的日常行为,并且使他能在日常生活中为寻找和确定未来新的社会角色奠定基础;同时,在日常路径中,一个人能了解到社会赋予他的各种机会和制约,因而在日常路径的相互作用中寻找到他长期的社会角色(Pred, 1981; Thrift et al., 1981)。这一辩证关系意味着一个人之前的社会角色及其日常企划的参与和社会对他开放的机会之间存在辩证关系。

从生命路径—日路径辩证关系出发,有学者认为生活方式对日常行为具有重要的制约作用。当前的日常行为受到过去的特定时间和地点下行为与社会的相互作用的影响,表现出明显的空间约束、累积的时间效应和深刻的制度制约。普雷德(Pred,1981)将时间地理学与结构化理论相结合,运用时间地理学方法分析日常行为的长期变化过程,在不同时间尺度上将社会经济制度与个人的日常生活结合起来分析。同时,日常行为具有明显的例行化倾向,在时间扩展上再生产了长期行为实践,作为个体社会生活连续性的内在组成部分或者整个社会运行的根基(Giddens,1984)。为辩证地看待时间地理学的理论框架,吉登斯(Giddens,1984)提出日常生活在正常情况下包含着本体性安全,使得个人在日常生活中遵循着例行化的活动路径,而个体在沿着日常活动路径前进的同时,在时间扩展上再生产了长期确立的实践。因此,一旦某种活动成为了生活方式的一部分,它就会因为社会网络、社会规则、文化制度以及其他时空因素而稳定下来。

3.3.2 活动分析法:生活方式与宏观背景、微观行为的关系

如何描述和解释城市中的生活方式是活动模式研究中的核心问题(Chapin,1974)。活动分析法对于生活方式研究的主要贡献在于提出了生活方式与社会结构和日常行为的相互关系。

从宏观层面,生活方式及其行为表现都不能脱离这样的宏观社会结构框架(图 3-4)。一方面,各类活动—移动行为的决策都是在其特定的时空结构背景中完成的,这些背景应当被作为动态的和可相互渗透的资源来理解。时空结构背景包括了全球和国家的时空规则(例如劳动力时空分异、区域规划政策等)以及城市和邻里尺度上的居住结构和时间政策(例如土地利用、社区生活质量、营业时间等)(Scheiner et al.,2003)。另一方面,社会结构、社会地位和生活方式之间是互为影响的。生活方式是以活动目的、价值观导向、偏好和亚文化归属等因素为依据进行划分的,除了自我的审美特征和消费模式外,家庭类型、专业领域和城市交通与信息技术的可用性都影响着生活方式的选择。因而,生活方式的选择是受到上面所说的结构性条件的制约的。再次,不同的生活方式群体是以差异化的活动—移动模式为特征的。住房选择与迁居可以用固定性的水平(如所有权、特定时期内的迁居次数、距离等)和居住选择来进行衡量。而日常行为表现为活动的类型、数量和时序,目的地和空间导向的选择,出行距离和交通方式选择等。最后,住房选择和日常移动性是相互影响的,住房作为一种长期决策主导日常活动—移动行为,并干预日常活动—移动行为和生活方式之间的关系。反过来,日常行为模式也会影响住房迁居。

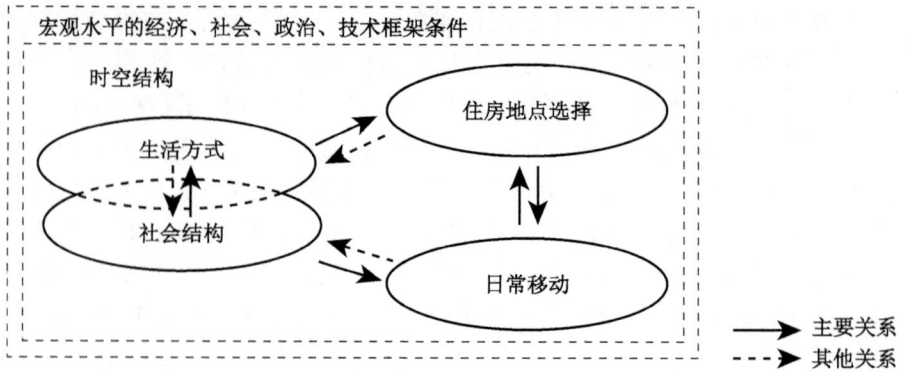

图 3-4 社会结构、生活方式与日常行为的关系

宏观水平的经济、社会、政治、技术框架条件

时空结构

生活方式

社会结构

住房地点选择

日常移动

主要关系

其他关系

从微观层面,生活方式决定于个体对于其作为家庭成员、工作人口和休闲消费者的角色的导向态度和可能利用的资源限制,进而在不同时间尺度上影响个体和家庭的日常行为决策,并形成了相对稳定的日常行为模式。以本-阿齐瓦为代表的学者相继建立了不同的基于生活方式的日常行为层次决策模型(图3-5)。住房和生活方式选择,例如迁居、就业、汽车所有权等,往往呈现出不规则、低频率的特征;而活动和出行的日程安排则更加频繁和具有规律性,其重复周期一般在"日"或者"周"的尺度上,包括选择活动、安排成员参与、安排顺序、选择地点和出行次数与方式(Ben-Akiva et al.,1998)。在日常生活行为的层次决策过程中,生活方式作为一种长期决策具有较高的优先级和决定地位,通过行为态度、认知地图、资源制约等途径限定了社会生活和日常生活的行为选择(Gärling et al.,1994)。个体的日常生活受到生活方式作用下的长期日常安排、认知地图和家庭资源

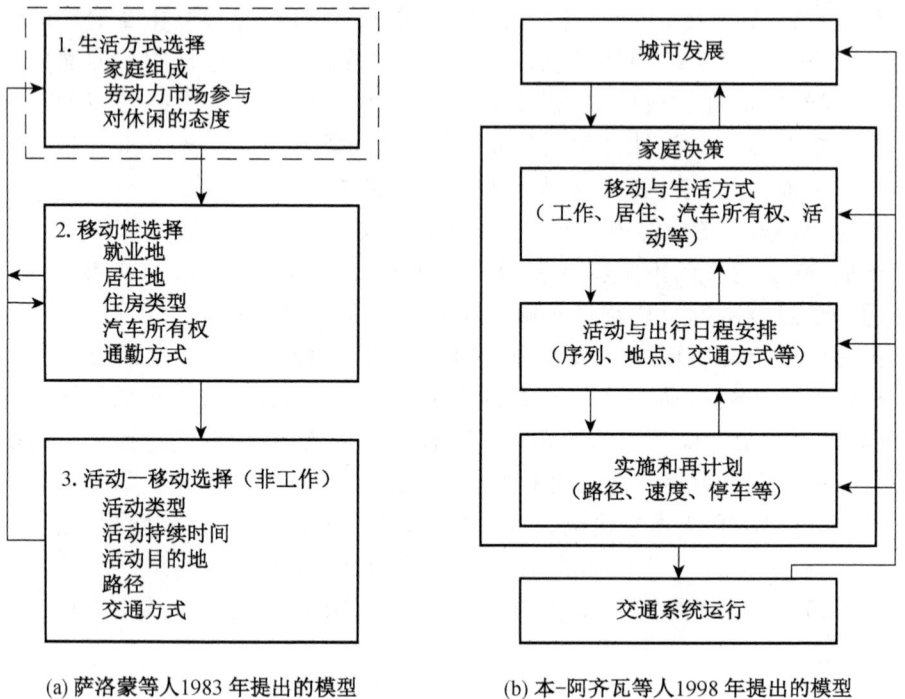

图 3-5 生活方式与日常行为的关系模型

1. 生活方式选择
家庭组成
劳动力市场参与
对休闲的态度

2. 移动性选择
就业地
居住地
住房类型
汽车所有权
通勤方式

3. 活动—移动选择(非工作)
活动类型
活动持续时间
活动目的地
路径
交通方式

(a) 萨洛蒙等人1983年提出的模型

城市发展

家庭决策

移动与生活方式
(工作、居住、汽车所有权、活动等)

活动与出行日程安排
(序列、地点、交通方式等)

实施和再计划
(路径、速度、停车等)

交通系统运行

(b) 本-阿齐瓦等人1998年提出的模型

的影响,同时受到每天的活动计划、组成出行和活动环境的城市机会和每天的可用资源的限制,因而形成了生活方式在每一天日常生活中的行为表达。反之,日常出行以及作为媒介的中期决策都是为了满足长期生活方式决策的需要做出的(Salomon et al.,1983),并通过预期的效应来反馈作用于生活方式(Ruiter et al.,1978;Scheiner et al.,2003)。

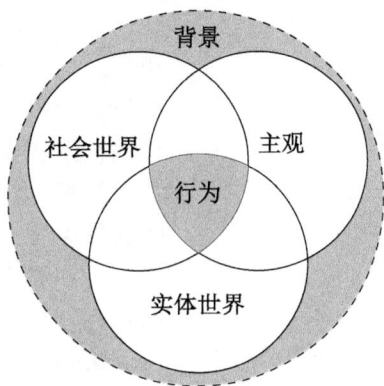

图3-6 行为背景示意图

生活方式概念在交通研究中的广泛应用是与活动分析法的发展密切相关的。相比传统的基于出行的交通需求模型,活动分析法模型更有助于理解家庭因素(如家庭社会人口统计学指标、家庭结构、家庭人数、老年人和孩子的数量等)和非家庭因素(如城市形态、社会环境、技术、出行管理政策等)的变化。出于对交通政策和土地利用规划的潜在差异性反映和人口生活方式多样性的认识,交通研究中一般都需要先将研究区域的人口以生活方式聚类的方法进行划分,以便应用出行需求模型(Lin et al.,2009)。特别是在个人主义的、物质富裕的社会背景中,由于社会群体的大多数可以支付不同的消费选择,经典的出行模式的社会—人口统计学分异已经被生活方式导向的方法所挑战(Scheiner et al.,2003;Ohnmacht et al.,2009),已有研究发现,一些人口统计学的群体内部的出行行为差异反而大于组间差异。因此一些学者提出生活方式的概念可能比生活周期阶段等概念在出行研究中更为有效(Hildebrand,2003)。学者希望以生活方式概念建立一个区别于社会经济和人口统计学因素的行为解释框架。这是由于,一方面,可以观察到的活动—移动行为受到个人的价值观和目的的影响,是社会行为的一种表达;另一方面,可观察到的活动—移动行为是植根于社会和空间背景之中的(图3-6)。

3.4 时空行为视角下的生活方式实践进展

3.4.1 应用行为指标测度生活方式

时空行为视角下的生活方式研究核心之一就是对生活方式进行定量测量,划分生活方式群体类型以指导行为模式分异的分析。一般来说,行为研究中对于生活方式群体类型的划分通常利用定量化的指标区分具有相似生活方式类型的人群,常用的方法包括专家打分法和聚类分析方法(Van Acker et al.,2016)。划分生活方式群体类型的指标应能够反映"人们面对其他人时的社会性表现"(Scheiner,2010;Van Acker et al.,2016),使用的指标主要可以分为社会统计分类指标(例如年龄、收入、性别等)(Salomon et al.,1983;Hildebrand,2003)、心理与文化分类指标(例如价值观、态度等)(Van Acker et al.,2016)、地理空间分类指标(例如居住区、工作地等)(Van Diepen et al.，2009)、日常行为分类指标(例如出行距离、出行次数等)(Krizek et al.，2002；Lin et al.，2009)。但是从目前的发展阶段而言,在行为研究领域,大多数生活方式的测度对于心理与文化的涉及较少。

早期,生活方式的测量更加关注社会—人口统计学的差异,将生活方式看作更广义的家庭属性,采用个人和家庭社会经济和人口统计学特征来测量。一般来说,生命周期阶段被看作是个体社会角色、年龄和家庭规模的指标,收入代表着可利用资源,居住区位关系到城市机会的可达性(Kitamura，2009)。因此,基于这一理解出发的生活方式测量一般采用的指标包括家庭结构、工作参与、住房类型等。例如,萨洛蒙和本-阿齐瓦(Salomon et al.，1983)以家庭结构、劳动力市场参与、休闲导向(具体为教育水平和家庭白领阶层比例)区分了 5 类生活方式,即上层阶级、年轻群体、低收入群体、低教育群体和老年群体;希尔德布兰德(Hildebrand，2003)在对荷兰阿姆斯特丹的老年人出行行为进行研究时,使用个人属性数据将老年人分成了 6 类生活方式群体,即工人、到处迁居的寡居女性、独居小屋的老人、移动性障碍者、富有的男性和残疾的司机。梵·迪蓬等(Van Diepen et al.，2009)在此基础上,提出了城市连接度的概念,从经济和社会两个维度上用居民生活方式的类型表征个体生活的城市性特征,构建了城市连接度连续谱,并且提出这种生活方式是随着家庭类型的变化而改变的。但是这一分类标准在近年来受到批判,学者认为这一方法难以反映人们对自己生活的选择,仅仅表现了社会属性与生命周期的关系。

直到 1990 年代,生活方式在行为研究领域才开始被作为价值、态度、认知、休闲行为和消费这样的概念被接受,代表了个体对于其活动和出行决策的偏好(Lin et al.，2009)。但是即使到最近,研究者面临的主要问题依旧是:生活方式、态度、价值观等问题在交通调查、活动日志调查等行为数据中很少有体现。因此研究往往仅能将生活方式看作是一种行为类型学定义,假设可观察到的行为反映了内在心理导向。

从时间地理学和活动分析法的理论出发,近期生活方式的测量方法更加强调将社会—人口统计学、空间因素与日常行为结合对生活方式进行测度,强调日常行为的社会意义(Etminani-Ghasrodashti et al.，2015；Van Acker et al.，2016)。但并非所有的日常行为指标都可以用来进行生活方式的测度,在研究中使用的指标需要能够表现出"个体对家庭、工作、休闲和消费等的态度或导向"(Van Acker et al.，2016)。学者选用的日常行为指标一般包括休闲偏好、活动空间、时间利用(工作、家庭、休闲等主要类型)、常用交通方式、出行次数等,用于代表个体在城市空间利用、不同社会角色上的时间分配、对休闲和消费的态度等。例如,克里泽克和沃德尔(Krizek et al.，2002)发展了一个家庭生活方式的框架,包括出行行为属性、活动频率、汽车所有权和城市形态 4 个家庭决策维度,通过在美国的实证研究区分了9类生活方式,即退休者、单身繁忙的城市居民、老年居家男性、高收入城市居民、公交使用者、郊区通勤者、家庭和活动导向者、郊区双职工家庭、远郊家庭通勤者;林等(Lin et al.,2009)使用2002年香港出行调查数据,基于个体特征、日常活动特征、出行特征和邻里特征发现了6类生活方式群体,即以家为中心的人、照料家庭的人、自由活动参与者、城市出行者、规则出行者、高收入居民;梵·阿克尔等(Van Acker et al.,2014)应用100多个假期活动、文学兴趣和休闲活动相关的变量,区分了文化爱好者、重视朋友和潮流的人、关注低成本和创造性的人、家庭导向但是活跃的人、家庭导向下的传统的人5类群体;塔娜等(2015)利用北京上地—清河地区居民活动日志数据,使用活动空间和出行次数,区分了5类生活方式群体,包括"空间排斥""本地化""郊区性""两极化""城市依赖"。

当然,也有一些学者借鉴了社会心理学的方法,更加强调生活方式的内在特征,在行为与社会经济变量的基础上,引入感知、态度变量进行分析(Bagley et al.,2002;Van Acker et al.,2014),被认为是生活方式视角下时空行为研究的新方向。例如沙伊纳(Scheiner,2010)利用休闲偏好、价值观和生活目的、审美态度、社会交往频率分析生活方式类型;沃克等(Walker et al.,2007)结合态度指标和居住区位,得到了郊区机动车学校导向型、公交住房导向型和高密度靠近城市活动汽车导向型3种生活方式。

总体而言,在目前的行为研究中,生活方式往往通过行为模式、家庭信息、劳动力市场参与、居住地和休闲导向进行划分(表3-1)。行为领域的研究希望借助生活方式的概念打破原有的对于城市生活与郊区生活的二元划分,理解城市居民的多元化特征,进而再去发现不同生活方式带来的行为差异,并对这一差异进行解释。

3.4.2 利用生活方式群体解读行为模式

生活方式对活动模式、活动空间的大小和结构、出行距离等产生了重要的影响。研究从活动分析法的观点出发,常采用回归模型、结构方程模型(SEM)、嵌套逻辑回归(Logit)模型等,将生活方式群体类型作为自变量之一,分析生活方式对于个体日常活动的作用机制,主要从出行需求模式(Salomon et al.,1983;Scheiner,2010)、活动参与模式(Ben-Akiva et al.,1998)、能源需求与碳排放等方面(Weber et al.,2000)进行了深入探讨。

学者研究发现,具有共同生活方式的群体成员会有相似的活动安排和出行行为特征,并表明使用生活方式群体(lifestyle group)这一概念的分类方法能够有效地分析不同居民之间的行为差异。希尔德布兰德(Hildebrand,2003)在对美国波特兰老年人的研究中发现,不同生活方式

表 3-1　生活方式类型聚类分析指标

	个人与家庭	住房和社区	行为	心理
Salomon et al.，1983	＋			
Bagley et al.，2002			＋*	＋
Krizek et al.，2002	＋	＋	＋	
Hildebrand，2003	＋			
Krizek，2006		＋	＋	
Walker et al.，2007		＋		＋
Van Diepen et al.，2009	＋			
Lin et al.，2009	＋	＋	＋	
Scheiner，2010				＋
Van Acker et al.，2014			＋*	＋*
Etminani-Ghasrodashti et al.，2015			＋	
塔娜等，2015			＋	

注：＋代表考虑了这一因素；＊代表行为偏好指标。

类型的群体之间在日常活动时间利用上具有显著的差异；施曼恩和莫科塔里安(Schwanen et al.，2005)在对美国旧金山的研究中发现，"追求社会地位"和"工作狂"这样一些因素会对出行距离有正向的影响；翁玛赫特等(Ohnmacht et al.，2009)在对瑞士的研究中发现生活方式对休闲出行距离有影响；梵·阿克尔等(Van Acker et al.，2014)的研究发现，不同生活方式群体之间在出行方式和汽车所有权选择方面有显著差异。因此，学者们认为，个体日常时空行为的差异不仅受到社会经济属性和城市空间的影响，而且受到生活方式的强烈制约。

　　国内学者在时间地理学和行为主义地理学框架下，通过对长期行为与短期行为的关系的分析从侧面印证了生活方式对日常行为的影响。一些研究通过比较迁居前后的日常出行，分析长期行为对居民的职住关系、通勤行为、非工作活动的影响。研究表明，迁居、就业等长期行为决策对于居民的日常行为具有一定的锁定效应，而且受到个人的社会经济属性的直接影响(冯健等，2004；郑思齐等，2009；周素红等，2010)。近期的研究更加重视从纵向变化的视角，分析长期尺度城市空间变化导致的日常行为改变。例如，李斐然等(2013)通过对回龙观居民10年来生活空间的分析，解释了郊区化对于居民日常生活的影响机制；蔡嘉璐等(2011)通过对南京东路消费者行为7年的变化比较，解释了空间设计变化对于购物行为的影响。上述这些研究都从较长的时间空间尺度分析了城市社会空间格局变化与个体—家庭因素变化对于日常行为的影响，致力于将长期尺度的城市宏观因素和长期行为与日常尺度的个体行为相结合,从一定程度上反映了中国城市转型背景下城市化与城市发展对于个体生活方式的影响,但是并未深入涉及居民生活方式的变化分析。另外一些研究则强调不同群体的时空行为差异,将生活方式作为行为差异的一个解释因素,用于分析中国城市社会空间转型。例如,申悦等(2013)在对北京市亦庄和天通苑的研究中发现,郊区居民工作日的活动空间在中心城区空间的范围依旧在0%—60%的范围内呈正态分布,而且这一比例受到个人社会经济因素和空间因素的显著影响;塔娜等(2015)在对北京上地—清河地区的研究中也发现,不同生活方式群体之间在出行距离、出行方式、时间利用等方面存在显著差异。

3.5 小结

3.5.1 制约机制的实证分析需要加强

生活方式是来源于对社会经济条件和深层的个体或者社会的态度、角色或者价值观的周期性行为反馈(Reichman,1977)。虽然表面上看是与居民的自由选择密切相关的,但事实上,其深层的作用机制并非如此(Van Diepen et al.,2009)。城市中观察到的大多数的日常生活都是植根于家庭和工作的例行化特征(Hägerstrand,1982),而这些因素是与城市的社会经济制度、结构特征密切相关的。生活方式一方面受政治、经济、文化、技术发展等外部宏观因素的影响,是宏观社会结构或制度在微观生活中的反映;另一方面,与个体的收入、年龄、职业、家庭特征和价值观等微观因素密切相关。真实收入的增加、工作时间的缩短、消费技术的革新等都会对城市居民的生活方式演进产生影响(Kitamura,2009)。因此,同一社会中不同的群体,由于经济收入、消费水平、家庭结构、职业、住宅、教育程度、人际关系和社会服务等条件的差别而具有不同的生活方式。但是,除了少数特例外,现有的生活方式研究都忽视了制约的影响机制,没有考察居民在资源和时空制约下的有限行为模式。

3.5.2 时空行为与生活方式的结合是新趋势

生活方式作为一种个体对自己社会地位的长期认同,将其对于自我生活经历的思考与日常行为的实践联系起来,为理解个体时空行为提供了有效的框架。无论是时间地理学的长短期行为关系还是活动分析法的生活方式概念模型,学者普遍认同生活方式对日常行为起到了决定性的作用,反之日常行为也是生活方式的真实外在表现。特别是在社会经济快速发展、物质丰富的情况下,居民根据自己所占有的资源选择个性化生活的机会增加。原来的社会经济属性的分化已经不能满足对于日常行为理解的需求,比如同样收入的人可能由于生活方式态度的差异表现出汽车或公交两种出行方式,而这一行为恰恰表现了他们对于高碳和低碳生活的态度。因此,生活方式导向的研究在近些年越来越受到交通学者的重视(Scheiner et al.,2003;Ohnmacht et al.,2009)。但是,我们也要看到,现有的研究还是以时空行为的理论分析和基于出行的生活方式群体聚类分析为主,生活方式群体的时空行为模式实证研究需要加强,生活方式群体类型与社会经济群体类型的关系也需要进一步讨论。

3.5.3 生活方式测度需要增加活动因素

个体日常活动与移动行为反映了个体对其日常生活安排的协调与决定过程,是生活方式在日常生活中的体现(Lin et al.,2009)。行为研究中采用定量化指标区分生活方式群体类型,以找出具有相似生活方式的人群。时空行为研究指出活动频率、活动持续时间、活动空间分布、出行交通方式选择、出发时间等活动和移动要素相互影响,构成了居民的生活方式类型划分的主要聚类因子。但是在生活方式的研究中,由于交通政策导向的研究占主体,因此测度指标以出行为主,对于活动—移动结合的指标体系强调较少,亟待进一步的讨论。

本章参考文献

蔡嘉璐,王德,朱玮. 2011. 南京东路商业步行街消费者行为变化研究——2001年与2007年的比较[J]. 人文地理,26(6):89-97.

柴彦威. 1998. 时间地理学的起源、主要概念及其应用[J]. 地理科学,18(1):65-72.

柴彦威. 2005. 行为地理学研究的方法论问题[J]. 地域研究与开发,24(2):1-5.

柴彦威,沈洁. 2008a. 基于活动分析法的人类空间行为研究[J]. 地理科学,28(5):594-600.

柴彦威,申悦,肖作鹏,等. 2012. 时空间行为研究动态及其实践应用前景[J]. 地理科学进展,31(6):667-675.

柴彦威,塔娜. 2011. 中国行为地理学研究近期进展[J]. 干旱区地理,34(1):1-11.

柴彦威,翁桂兰,刘志林. 2003. 中国城市女性居民行为空间研究的女性主义视角[J]. 人文地理,18(4):1-4.

柴彦威,颜亚宁,冈本耕平. 2008b. 西方行为地理学的研究历程及最新进展[J]. 人文地理,23(6):1-6.

柴彦威,赵莹. 2009. 时间地理学研究最新进展[J]. 地理科学,29(4):593-600.

冯健,周一星. 2004. 郊区化进程中北京城市内部迁居及相关空间行为——基于千份问卷调查的分析[J]. 地理研究,23(2):227-242.

李斐然,冯健,刘杰,等. 2013. 基于活动类型的郊区大型居住区居民生活空间重构——以回龙观为例[J]. 人文地理,28(3):27-33.

申悦,柴彦威. 2013. 基于GPS数据的北京市郊区巨型社区居民日常活动空间[J]. 地理学报,68(4):506-516.

塔娜,柴彦威,关美宝. 2015. 北京郊区居民日常生活方式的行为测度与空间—行为互动[J]. 地理学报(8):89-98.

张艳,柴彦威.2011.北京城市中低收入者日常活动时空间特征分析[J].地理科学,31
　　(9):1056-1064.

郑思齐,曹洋.2009.居住与就业空间关系的决定机理和影响因素——对北京市通勤时
　　间和通勤流量的实证研究[J].城市发展研究,16(6):29-35.

周素红,程璐萍,吴志东.2010.广州市保障性住房社区居民的居住——就业选择与空
　　间匹配性[J].地理研究(10):1735-1745.

赵莹,柴彦威,陈洁,等.2009.时空行为数据的 GIS 分析方法[J].地理与地理信息科
　　学,25(5):1-5.

Arentze T, Timmermans H J P. 2001. Deriving performance indicators from models of
　　multipurpose shopping behavior[J]. Journal of Retailing and Consumer Services, 8
　　(6):325-334.

Bagley M, Mokhtarian P. 2002. The impact of residential neighborhood type on travel
　　behavior: a structural equations modeling approach[J]. The Annals of Regional
　　Science, 36(2):279-297.

Ben-Akiva M, Bowman J. 1998. Integration of an activity-based model system and a
　　residential location model[J]. Urban Studies, 35(7):1131-1153.

Buliung R, Remmel T. 2008. Open source, spatial analysis, and activity-travel
　　behaviour research: capabilities of the aspace package[J]. Journal of Geographical
　　Systems, 10(2):191-216.

Chai Y. 2013. Space-time behavior research in China: recent development and future
　　prospect[J]. Annals of the Association of American Geographers, 103 (5):
　　1093-1099.

Chapin F S. 1968. Activity systems and urban structure: a working schema[J].
　　Journal of the American Institute of Planners, 34(1):11-18.

Chapin F S. 1974. Human activity patterns in the city: things people do in time and in
　　space[M]. New York:John Wiley & Sons.

Cullen I, Godson V. 1975. Urban networks: the structure of activity patterns[J].
　　Progress in Planning,4:1-96.

Desbarats J. 1983. Spatial choice and constraints on behaviour[J]. Annals of the
　　Association of American Geographers, 73(3):340-357.

Etminani-Ghasrodashti R, Ardeshiri M. 2015. Modeling travel behavior by the
　　structural relationships between lifestyle, built environment and non-working trips
　　[J]. Transportation Research Part A:Policy and Practice, 78:506-518.

Fan Y, Khattak A. 2008. Urban form, individual spatial footprints, and travel
　　examination of space-use behavior[J]. Transportation Research Record: Journal of
　　Transportation Research Board,2082:98-106.

Gärling T, Kwan M P, Golledge R. 1994. Computational-process modelling of
　　household activity scheduling [J]. Transportation Research Part B:
　　Methodological, 28(5):355-364.

Giddens A. 1984. The constitution of society[M]. Berkeley, CA: University of
　　California Press.

Gold J. 1980. An introduction to behavioral geography[M]. Oxford University Press.

Golledge R, Stimson R. 1997. Spatial behavior: a geographic perspective[M]. New

York: The Guilford Press.

Golledge R. 1993. Geography and the disabled: a survey with special reference to vision impaired and blind populations[J]. Transactions of the Institute of British Geographers, New Series, 18(1):63-85.

Hägerstrand T. 1970. What about people in regional science [R]. Paper and Proceedings of the Regional Science Association,24:7-21.

Hägerstrand T. 1982. Diorama, path and project[J]. Tijdschrift Voor Economische En Sociale Geografie,73:323-329.

Hildebrand E. 2003. Dimensions in elderly travel behaviour: a simplified activity-based model using lifestyle clusters[J]. Transportation, 30(3):285-306.

Horton F, Reynolds D. 1971. Effects of urban spatial structure on individual behavior [J]. Economic Geography, 47(1):36-48.

Kim H, Kwan M P. 2003. Space-time accessibility measures: a geocomputational algorithm with a focus on the feasible opportunity set and possible activity duration [J]. Journal of Geographical Systems, 5(1):71-91.

Kitamura R. 2009. Life-style and travel demand[J]. Transportation, 36(6):679-710.

Kitchin R. 1996. Increasing the integrity of cognitive mapping research: appraising conceptual schemata of environment-behaviour interaction[J]. Progress in Human Geography, 20(1):56-84.

Krizek K, Waddell P. 2002. Analysis of lifestyle choices: neighborhood type, travel patterns, and activity participation[J]. Transportation Research Record:Journal of the Transportation Research Board, 1807:119-128.

Kwan M P, Lee J. 2004. Geovisualization of human activity patterns using 3D GIS: a time-geographic approach [M]//Goodchild M, Janelle D. Spatially Integrated Social Science:Examples in Best Practice. New York:Oxford University Press: 48-66.

Kwan M P. 1999. Gender, the home-work link, and space-time patterns of nonemployment activities[J]. Economic Geography, 75(4):370-394.

Kwan M P. 2000. Analysis of human spatial behavior in a GIS environment: recent developments and future prospects[J]. Journal of Geographical Systems, 2(1):85-90.

Lenntorp B. 1977. Paths in space-time environments: a time geography study of movement possibilities of individuals[J]. Environment and Planning A, 9(8):961-972.

Lenntorp B. 1999. Time-geography-at the end of its beginning[J]. GeoJournal, 48(3):155-158.

Lenntorp B. 2004. Path, prism, project, pocket and population: an introduction[J]. Geografiska Annaler, Series B: Human Geography, 86(4):223-226.

Lin H, Lo H, Chen X. 2009. Lifestyle classifications with and without activity-travel patterns. Transportation Research Part A, 43(6):626-638.

Miller H. 1991. Modeling accessibility using space-time prism concepts within geographical information systems [J]. International Journal of Geographical Information System,5:287-301.

Newsome T, Walcott W, Smith P. 1998. Urban activity spaces: illustrations and application of a conceptual model for integrating the time and space dimensions[J]. Transportation, 25(4):357-377.

Ohnmacht T, Götz K, Schad H. 2009. Leisure mobility styles in Swiss conurbations: construction and empirical analysis[J]. Transportation, 36(2):243-265.

Pred A. 1981. Social reproduction and the time-geography of everyday life[J]. Geografiska Annaler, Series B: Human Geography, 63(1):5-22.

Reichman S. 1977. Instrumental and life style aspects of urban travel behavior[J]. Journal of Transportation Research Record, 649:38-42.

Ruiter E, Ben-Akiva M. 1978. Disaggregate travel demand models for the San Francisco Bay area[J]. Transportation Research Record(673):121-128.

Salomon I, Ben-Akiva M. 1983. The use of the life-style concept in travel demand models[J]. Environment and Planning A,15(5):623-638.

Scheiner J, Kasper B. 2003. Lifestyles, choice of housing location and daily mobility: the lifestyle approach in the context of spatial mobility and planning[J]. International Social Science Journal, 55(176):319-332.

Scheiner J. 2010. Social inequalities in travel behaviour: trip distances in the context of residential self-selection and lifestyles[J]. Journal of Transport Geography, 18(6):679-690.

Schönfelder S, Axhausen K. 2003. Activity spaces: measures of social exclusion?[J]. Transport Policy, 10(4):273-286.

Schwanen T, Dijst M. 2003. Time windows in workers' activity patterns: empirical evidence from the Netherlands[J]. Transportation, 30(3):261-283.

Schwanen T, Kwan M P, Ren F. 2008. How fixed is fixed? Gendered rigidity of space-time constraints and geographies of everyday activities[J]. Geoforum, 39(6):2109-2121.

Schwanen T, Mokhtarian P. 2005. What affects commute mode choice: neighborhood physical structure or preferences toward neighborhoods?[J]. Journal of Transport Geography, 13(1):83-99.

Thrift N, Pred A. 1981. Time-geography: a new beginning[J]. Progress in Human Geography, 5(2):277-286.

Timmermans H, Waerden P, Alves M, et al. 2003. Spatial context and the complexity of daily travel patterns: an international comparison[J]. Journal of Transport Geography, 11(1):37-46.

Van Acker V, Goodwin P, Witlox F. 2016. Key research themes on travel behavior, lifestyle, and sustainable urban mobility[J]. International Journal of Sustainable Transportation, 10(1):25-32.

Van Acker V, Mokhtarian P L, Witlox F. 2014. Car availability explained by the structural relationships between lifestyles, residential location, and underlying residential and travel attitudes[J]. Transport Policy, 35:88-99.

Van Diepen A M L, Musterd S. 2009. Lifestyles and the city: connecting daily life to urbanity[J]. Journal of Housing and the Built Environment, 24(3):331-345.

Walker J, Li J. 2007. Latent lifestyle preferences and household location decisions[J].

Journal of Geographical Systems, 9(1):77-101.

Weber C, Perrels A. 2000. Modelling lifestyle effects on energy demand and related emissions[J]. Energy Policy, 28(8):549-566.

Wong D, Shaw S. 2011. Measuring segregation: an activity space approach[J]. Journal of Geographical Systems, 13(2):127-145.

Zenk S, Schulz A, Matthews S, et al. 2011. Activity space environment and dietary and physical activity behaviors: a pilot study[J]. Health and Place, 17(5):1150-1161.

4 研究区域与调查方法

4.1 研究区域的选取

北京是中国最早进入郊区化的城市,也是郊区化最典型、最剧烈的城市之一。1980 年代开始,北京就已经进入了郊区化过程(周一星,1996),以人口郊区化为开端,工业、商业、办公业的郊区化相继开启。在产业政策、中心疏散规划和土地与住房政策引导下,北京在过去 30 多年的郊区化过程中,城市空间不断扩展,人口、产业、服务、交通等设施不断向郊区集聚。由于北京在郊区发展中的典型性与代表性,本书选择北京市一近郊区域——上地—清河地区——作为研究区域。

北京是中华人民共和国的首都,是全国的政治中心、文化中心,是世界著名古都和现代国际城市[①]。北京位于华北平原的东北边缘,背靠燕山,地势西北高、东南低,毗邻天津市和河北省,下辖东城区、西城区等 14 个行政区和密云县、延庆县 2 个县,辖区面积为 16 410.54 km²。截至 2014 年年末,全市常住人口 2 151.6 万人,其中居住半年以上的常住外来人口 818.7 万人,占常住人口的比重为 38.1%,常住人口密度为 1 311 人/km²。2014 年实现国内生产总值(GDP)21 330.8 亿元,全市人均 GDP 达到 99 995 元,城镇居民人均可支配收入达到 43 910 元,全市机动车拥有量为 559.1 万辆,其中私人汽车达 437.2 万辆[②]。

4.1.1 北京的郊区化过程

北京郊区化发展初期,以一般工薪阶层和低收入者为主体的郊区化人口在中心城工业外迁和住房拆迁的推动下搬迁到四环附近,呈现近域郊区化的模式(周一星,1996,2004)。1990 年代,随着单位解体和郊区建设减速,居住郊区化的速度和幅度加大,北京市中心区人口绝对数值减少(由 1990 年的 233.7 万人减至 2000 年的 211.5 万人),而近郊区的人口快速增长(由 1990 年的 398.9 万人增至 2000 年的 638.9 万人),三环到五环之间

---

① 引自《北京城市总体规划(2004 年—2020 年)》。
② 引自《北京统计年鉴 2014》《北京市 2014 年国民经济和社会发展统计公报》。

近郊区成为承接人口外迁的主要目的地(柴彦威等,2009)。郊区化的理念开始深入人心,伴随着交通网的发展和私人交通工具数量的增长,郊区的别墅和联排别墅建设兴起,高收入阶层也开始出现居住郊区化的现象。1998年开始,在住房改革的推动下,郊区大量经济适用房社区开始建设,以回龙观、天通苑等为代表的郊区大型居住区在近郊的五环到六环之间出现(冯健,2004)。为了疏散中心区人口,北京市住宅建设的重点逐渐转移到近郊区,并呈现沿三环、四环、五环依次扩展的同心圆模式和沿交通放射线逐渐向外扩散的扇面扩展模式(刘长岐等,2003)。人口的空间分布有了明显的变化,居住分化出现。2000年,北京都市区人口分布的多核心结构已经明显,除内城中心外,出现了花园路、八里庄、西罗园、潘家园、团结湖、和平街道6个次中心。2000年以后,人口郊区化的趋势进一步发展,从人口密度上看,中心区的人口密度降低,人口密度峰值向外移动,近郊区域的高密度区增加(冯健,2004)。2010年,五环至六环之间成为近十年来人口的快速增长区,其中又以北部和东南部地区增速最快,上地、天通苑、回龙观、亦庄等地区的人口增长率达到200%以上。

在土地制度改革的推动下,中心与郊区的土地价值与土地价格差开始出现,以污染企业治理和土地功能置换为主要动力,工业郊区化几乎与人口郊区化同时出现(周一星,1996)。城市土地有偿使用制度有力地推动了企业的用地置换与区位调整,1987年以后北京市区工业产值和工业用地的比重呈下降趋势,市区工业扩张速度趋缓(柴彦威等,2009)。1990年代开始,发展高新技术和技术密集型产业,限制和淘汰耗能高、污染环境、成本高、附加值低、工艺设备落后的工业成为北京工业发展和布局调整的指导方向。2000年以后,污染企业外迁成为工业郊区化的主要内容,尤其是申奥成功之后,北京加快了污染企业外迁的力度,首钢等大型企业逐步迁出到河北。随着经济的发展和企业规模的扩大,在企业自身发展需要的推动下,自主外迁也成为工业郊区化的一个特征(冯健等,2004)。在城区限制工业建设、外来投资增长和工业郊区化的大趋势下,开发区在北京产业建设中开始承担越来越重要的角色。从1992年成立中关村科技园区开始,经过开发区建设繁荣期和调整期,北京市的大多数产业园区已经进入开发的成熟期(李国平等,2008)。这些产业园区多分布在顺义、通州、昌平等区县,使得近郊成为北京工业发展的增长极,形成了多核点轴型的工业空间结构。

1990年代以后,商业郊区化也开始逐步出现。除了中心城的西单、王府井之外,朝外商业中心逐渐兴起,形成"反磁力中心"吸引内城居民逆向购物(仵宗卿等,2001)。郊区化推动城市商业等级体系日益完整并向扁平化发展,除了原有的三个高级商业中心外,朝外大街、木樨园、翠微、马甸、双榆树等商业中心业已形成集多种功能于一体的市级商业中心;区级商业中心功能提升,社区级商业中心发展迅速,以沿交通线分布的超市为主要形式,特色商业街和专业市场形成(张文忠等,2005)。郊区商业以大中型商场和超级购物中心的形式出现并逐年增长,不断伴随着人口的郊区化向西、向北发展;而专业性和批发类市场(如家具城等)主要集中在四环路周边交通便利的区域;大型超市分布在交通干道、快速交通线出口、大型居住区周边等,以方便人们使用(周尚意等,2003;张文忠等,2005)。

总体而言,郊区已经成为近年来北京城市空间发展的前沿,成为北京市产业、商业和人口发展的核心地带,特别是五环到六环间的地带成为人口增长最为集中、空间重构最剧烈的区域。因此,本书聚焦于五环至六环之间选取案例区域,从而透视北京市郊区生活方式的现状。

4.1.2 案例区域的选取

结合北京市城市总体规划对郊区新城与中心城边缘集团的定位,并综合考虑区位、职能、发展历程、交通条件等因素,本书的案例地选择在北京市上地—清河地区。上地—清河地区(图 4-1)位于北京市海淀区中东部、北五环与北六环之间,共约 16 km²,常住人口约 24 万、就业人口约 14 万,在产业上覆盖了传统工业区、新兴产业开发区,在居住形态上包括了单位社区、政策性住房社区、商品房社区、城中村等多种建设年代和开发模式的居住区,是北京西北部大型综合性边缘组团,也是重要的郊区就业中心与居住组团。

上地—清河地区在中华人民共和国成立后的发展可以分为四个主要阶段。1950 年代至 1970 年代期间,计划经济主导的工业化与生产力布局,推动了地区的工业生产用地扩张、城镇人口增加,附属于工厂的单位大院成为地区城镇人口的主要居住空间;但整个地区的土地利用仍以农业用地为主。进入 1980 年代,伴随着快速城市化以及剧烈的市场化转型,地区城镇人口快速增长、空间迅速重构、形态与功能日趋多样化。首先,1980 年代由旧城改造和工业外迁带来的郊区化浪潮,推动了地区政策性住房的

建设。其次,1980 年代末始建的上地信息产业基地及后期陆续建成的其他新兴产业园区,在加速地区产业转型的同时,深刻地改变了地区的功能与景观,并进一步推进了居住用地的扩展。最后,1990 年代后,以居住环境为导向的居住迁移逐步取代政府主导的拆迁安置,成为地区城镇人口增长的主要动力,中高档商品房、门禁社区等新型居住空间在该地区建成;在此期间部分原工厂及附属生活空间迁出,其土地使用权转让至房地产开发商。上地—清河地区在上述多种力量共同作用下,城市景观与城镇人口逐步演替了乡村景观与乡村人口,形成传统工业区、新兴产业开发区以及多种建设年代、开发模式、居住群体

图 4-1 案例区域

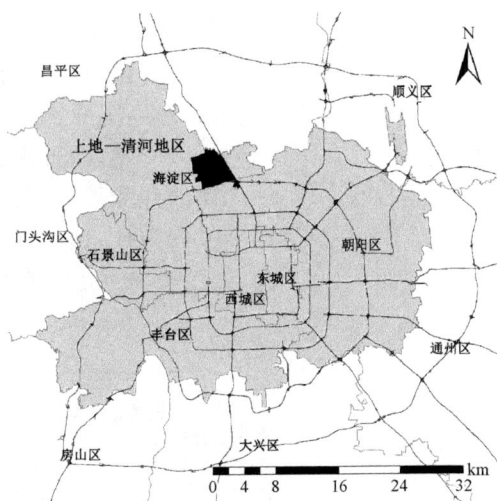

的社区共存的格局。

4.2 基于 GPS 的时空数据采集方法

本书的调查数据主要来源于北京大学行为地理研究小组于 2012 年在上地—清河地区进行的居民活动与出行调查①。该调查采取 GPS 定位设备、互动式调查网站、电话访谈相结合的方式进行,调查内容包括被调查者及其家庭的社会经济属性、一周 7 天完整的时空轨迹和活动日志。

4.2.1 日志调查问卷设计

借鉴国内外活动日志调查的经验,本次调查将问卷设计分为四个部分进行,一是被调查者及其家庭的基础信息问卷,二是被调查者惯常活动信息问卷,三是被调查者信息和通信技术(ICT)使用习惯问卷,四是被调查者一周活动日志问卷。其中前三部分为基础信息问卷,由被调查者在调查前三天登陆调查网站填写,根据问题顺序由易到难、由主到次的原则,按照个人基本信息、家庭成员基本信息、住房信息、车辆信息、惯常活动信息和ICT 使用习惯信息的顺序安排。其中被调查者的惯常活动信息包括工作、休闲、购物三类主要活动的惯常情况。被调查者的 ICT 使用习惯包括被调查者固定互联网的拥有情况、使用频率和使用地点,移动互联网(智能手机)的拥有情况、使用频率和使用地点,并对互联网使用的活动类型进行了细分。活动日志问卷包括活动与出行的起止时间、设施类型、活动类型、同伴、满意度评价、互联网使用和时空弹性评价。居民需要每日晚间登陆调查网站填写当天的活动日志信息。

4.2.2 基于 GPS 的时空轨迹采集

调查使用的 GPS 定位设备每隔一分钟记录一个定位点,每五分钟将定位点上传至后台,并在被调查者的用户界面进行显示。被调查者在参与调查过程中,随身携带由调查员发放的定位设备,利用设备对应的账号和密码登录网站,即可观察自己的活动轨迹,并结合轨迹填写活动日志。

国内外主要的 GPS 调查方法有两大类,一类是分别获取移动轨迹与活动出行信息,如北京第四次综合交通调查中的 GPS 数据采用了这种方法,该方法对 GPS 数据判别算法的要求低,并结合纸版问卷的优势,大

①　本书调查是基于"十二五"科技支撑项目,数据来源是该项目支持下基于 GPS 与互联网的市民活动与出行调查的一部分。在整体调查中样本包括区域居住人口和就业人口两部分,根据居住人口与就业人口比例采用了 1∶2 的企业与社区抽样配额。本书仅采用了其中的社区样本部分,正文中的调查介绍为居住人口调查部分。

图 4-2 2012 年北京市居民活动与出行调查用户界面

规模实施较为容易,但是轨迹信息和日志数据的匹配较困难。另一类是通过移动轨迹识别活动出行信息,如美国麻省理工学院(MIT)在新加坡进行的基于智能手机的数据采集、2010 年柴彦威等在北京天通苑与亦庄进行的活动与出行调查。该方法虽然通过识别算法判定活动与出行信息来减少被调查者的工作量,但是算法的完善程度会对活动与出行信息的获取产生影响。在北京市 2010 年的 GPS 调查中发现,由于 GPS 轨迹存在数据缺失和数据噪声,对活动与出行的识别产生了较大影响,并且由于活动识别算法本身存在一定的缺陷,造成活动与出行识别的效果不理想。考虑到调查的目标是获取接近真实情况的活动与出行信息,在 2012 年调查时,取消了系统的活动与出行识别功能,只对居民的时空轨迹进行实时的显示,对可能的活动与出行分界点进行适当的提示(图 4-2)。

4.2.3 基于互联网的活动—移动信息采集

GPS 虽然可以提供精确的时空信息,但是无法直接获取移动或活动的详细信息,如交通方式、活动类型等。为了克服传统活动日志调查在地理参照方面的问题,已有研究通过引入新技术修正时空行为数据采集方法,使用基于网络的调查技术将被调查者的活动定位到地图上,将交通方式、活动地点等背景信息清晰地呈现(Rainham et al.,2010)。因此,本次调查综合 GPS 和互联网网站实现居民行为时空数据的获取,开发网上调查平台收集日志数据,利用 GPS 设备获取居民移动轨迹数据,将二者进行整合后得到居民的个体时空行为数据。

被调查者根据自己 GPS 设备对应的账号和密码登录网站,即可观察自己调查期限内任意一段时间的活动轨迹,并可根据轨迹对当时的活动和出行情况进行回忆,填写相应信息,也可以自己添加调查平台未识别的重要活动和出行(图 4-2),还可以直接在网上完成个人社会经济属性调查问卷的填写。此外,调查者也可以通过平台的调查员管理系统对被调查者的当前设备状态(是否开机、是否有信号)、所在位置、轨迹情况、活动日志填写情况、社会经济属性问卷填写情况进行实时监测,便于调查的顺利进行。

4.2.4 调查实施

本次调查确定了街道—社区—居民的三级抽样方案,尽可能实现覆盖案例地全部社区的典型居民群体。首先,选择商品房、经济适用房、单位福利房、廉租房四类社区作为代表性社区,在街道和居委会的帮助下共选取 23 个社区(图4-3);其次,在每个社区按照 0.5%—1% 的比例进行居民抽样。

在进行相应的调查准备、调查员培训和样本联系后,本次调查进行了为期 8 轮每轮 1 周的正式调查。正式调查包括四个主要步骤,即抽样与样本联系、发放设备与讲解、调查进行、设备回收。每一轮抽样由调查者和居委会配合完成,确定抽样名单以及联系方式,将调查员分组,各调查小组组长联系样本确认样本符合要求、确定调查时间。确定调查时间地点后,全体调查人员分组前往样本社区,与样本签订调查协议、进行样本培训、发放设备。在调查期间,被调查者每天晚上需要给 GPS 设备充电,整天由本人随身携带 GPS 设备进行日常活动,每天晚上或第二天空闲时间以各自设备对应的账号和密码登录调查网站,查看自己当天的轨迹,并根据轨迹提示的时间和地点信息填写活动和出行信息。调查员与样本进行一对一的帮助和沟通,协助其完成调查,减少意外状况带来的负面影响。一周的调查完成后,由调查员前往样本居住地回收设备并支付被调查者相应报酬。

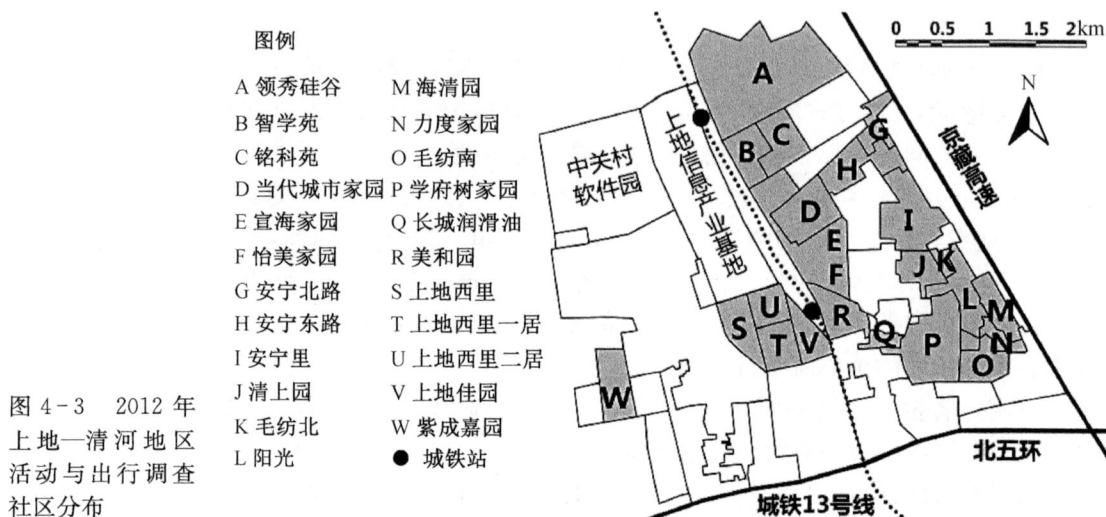

图例

A 领秀硅谷　　　M 海清园
B 智学苑　　　　N 力度家园
C 铭科苑　　　　O 毛纺南
D 当代城市家园　P 学府树家园
E 宜海家园　　　Q 长城润滑油
F 怡美家园　　　R 美和园
G 安宁北路　　　S 上地西里
H 安宁东路　　　T 上地西里一居
I 安宁里　　　　U 上地西里二居
J 清上园　　　　V 上地佳园
K 毛纺北　　　　W 紫成嘉园
L 阳光　　　　　● 城铁站

图 4-3 2012 年上地—清河地区活动与出行调查社区分布

4.2.5　数据管理

调查结束后,需要对 GPS 调查数据进行预处理,并将 GPS 数据与交通出行数据、地理空间数据进行整合,构建时空行为研究数据库。因此,数据处理与数据库建设共包括数据预处理、数据质量管理与数据库建设三个阶段。

整个 GPS 调查共获取以下三方面的数据:被调查者及其家庭的社会经济属性、一周内 GPS 轨迹和活动日志。其中,GPS 轨迹和活动日志数据存在一定的误差,需要进行校正。数据处理的原则是在尊重被调查者自填活动日志信息的基础上,通过 GPS 轨迹与日志数据的匹配获得更加精确的时空信息。首先,为便于数据的处理和分析,需要对数据进行统一编码。其次,GPS 轨迹数据主要存在数据缺失、数据噪声和人机分离的问题,需要识别数据缺失原因、进行空间校正与缺失点插补,其处理方法为通过 ArcGIS(地理信息系统软件)二次开发实现数据的自动修复。再次,活动日志存在的问题有数据缺失和时间信息精确性差,其处理原则是在尽量尊重被调查者原始数据的前提下,以轨迹数据为参照,确保一天内活动日志数据的连续性、完整性和可信性,需要通过对每人每天的轨迹数据点在 ArcScene(地理信息系统软件中专门用于显示三维数据的独立程序)环境中以三维的形式显示,通过对相关信息的提取,对原始的活动日志数据进行添加、删除和修改的操作,对每一次处理的操作方式、操作依据进行记录。

4.3　样本社会经济属性

本次调查征召了 23 个社区共 543 个样本,最终有效样本 480 个,有效率为 88.39%。本书在该总样本中进行了进一步筛选,去掉了轨迹与活动信息匹配较差的样本、调查期间离开北京的样本、部分基础信息不全的样本以及年龄在 20 岁以下和 65 岁以上的样本(这两类比例较低,样本总数小于 10,为了不影响对于生活方式类型的分析而去掉)。

样本分布见表 4-1。女性略多于男性;超过 88% 的居民拥有北京户口;约 80% 的居民拥有大专或大学以上学历;约 47% 的居民拥有驾照。婚姻状况方面,已婚居民的比例在 90% 以上。在工作与收入方面,86% 以上的居民拥有全职工作,中等收入占到 58% 左右,高收入约 22%。

4.4　核心变量及其测量

本书的核心变量及其测量如表 4-2 所示。

表 4-1 样本社会经济属性特征

类别	居民样本		
		N	百分比(%)
性别	男性	221	48.3
	女性	237	51.7
年龄	平均年龄(岁)	37.43	
户口	北京户口	405	88.4
	非北京户口	53	11.6
教育程度	高中及以下	92	20.1
	本科或大专	287	62.6
	研究生及以上	79	17.2
婚姻状况	已婚	418	91.3
	单身或其他	40	8.7
驾照	有	215	46.9
	无	243	53.1
就业状况	全职工作	397	86.7
	其他	61	13.3
个人月收入	低收入(<2 000 元)	86	18.8
	中等收入(2 000—6 000 元)	267	58.3
	高收入(>6 000 元)	105	22.9
总体		458	100

表 4-2 核心变量与测量

变量	概念	测量方法
活动时长	活动的持续时间	根据活动日志中活动结束时间与开始时间的差值,以分钟为单位
出行距离	出行的路网距离	根据 GPS 轨迹点连线在 ArcGIS 中测量得到,以千米为单位
出行时长	出行的持续时间	根据活动日志中出行结束时间与开始时间的差值,以分钟为单位
交通方式	出行的交通方式	分为小汽车、公共交通、单位班车、自行车、步行等
时空弹性	每个活动中居民主观感受到的时空制约,空间弹性指活动地点可以改变的程度,时间弹性指活动开始时间可以改变的程度	采用五级量表,1 为弹性,2 为比较弹性,3 为一般,4 为比较固定,5 为固定
活动空间	居民实际到达的城市空间范围	在 ArcGIS 中采用 GPS 轨迹点 500 米缓冲区进行测度,以平方千米为单位

本章参考文献

柴彦威,塔娜. 2009. 北京市 60 年城市空间发展及展望[J]. 经济地理,29(9):
　　1421-1427.

冯健,周一星. 2004. 郊区化进程中北京城市内部迁居及相关空间行为——基于千份问
　　卷调查的分析[J]. 地理研究,23(2):227-242.

冯健. 2004. 转型期中国城市内部空间重构[M]. 北京:科学出版社.

李国平,薛领,等. 2008. 产业与空间:北京市产业用地分析、评价与集约利用研究[M].
　　北京:中国经济出版社.

刘长岐,甘国辉,李晓江. 2003. 北京市人口郊区化与居住用地空间扩展研究[J]. 经济
　　地理,23(5):92-96.

仵宗卿,戴学珍. 2001. 北京市商业中心的空间结构研究[J]. 城市规划(10):15-19.

张文忠,李业锦. 2005. 北京市商业布局的新特征和趋势[J]. 商业研究(8):170-172.

周尚意,李新,董蓬勃. 2003. 北京郊区化进程中人口分布与大中型商场布局的互动
　　[J]. 经济地理,23(3):333-337.

周一星. 1996. 北京的郊区化及引发的思考[J]. 地理科学,16(3):7-15.

周一星. 2004. 就城市郊区化的几个问题与张骁鸣讨论[J]. 现代城市研究,19(6):
　　8-12.

Rainham D, McDowell I, Krewski D, et al. 2010. Conceptualizing the healthscape:
　　contributions of time geography, location technologies and spatial ecology to place
　　and health research[J]. Social Science & Medicine, 70(5):668-676.

5 基于家庭类型的郊区居民生活方式研究

社会关系影响居民参与日常生活的方式,不同的社会关系对居民的影响具有等级性,而家庭作为最基础的首属社会关系,必然对居民整体的生活方式选择形成重要影响。作为城市社会的基本单元和最亲密的社会关系群体,家庭是居民进行资源获取、资源分配的主要社会单位,家庭内部的各种协调机制限制了居民的自主选择。特别是在双职工家庭,在哪里居住、家里的车谁来开、谁来接送孩子、谁以及什么时候购物等决策限制了居民个体选择自由活动的机会。而这些家庭决策的制定和实施限制了每一个家庭成员能够获得的资本资源和时间资源,进而影响了居民个体生活方式的选择。本章将从家庭类型视角聚焦日常活动中时空制约和活动—移动时空模式的性别差异,以理解郊区居民生活方式的协调机制。

5.1 家庭结构与生活方式的关系

5.1.1 中国城市社会转型与家庭变迁

随着中国城市社会改革的深入,社会与经济政策的变革对家庭生活方式带来了巨大的变化,最重要的两个政策就是单位制度改革和计划生育政策。在改革开放之前,单位依靠其完全就业和完全福利的特性,实现了经济和社会领域的性别平等,负担了大量的家庭责任。首先,在经济领域,1949—1976 年,约有 90% 的城市女性进入了工作岗位(Stockman,1994;Zuo et al.,2001),按照"同工同酬"的经济政策,在工作机会和收入等方面实现了男女平等。在集体主义的社会理想下,双职工家庭成为社会主流,女性作为"妻子和母亲"的家庭角色让位于"单位职工"的社会角色(Zuo et al.,2001)。全职工作在赋予了女性足够高的社会地位和经济地位的同时,也带来了家庭责任分工的变化。以往按照性别进行的家庭分工受到了工作制度的挑战,家庭的责任分工倾向于根据职住距离和职业性质进行,往往通勤时间短、工作时间灵活的一方会承担更多的家务。因此在很长时间以来,中国城市的性别差异被认为是不显著的。

其次,单位为了帮助职工更好地投入劳动生产中,通过福利与设施配套的方式解决了大量的家务问题。在 1979 年之前,很多单位,特别是国有企业,会向其职工提供诸如育儿室、托儿所、幼儿园等设施。这些再生产辅助设施通常根据工作时间灵活开放,方便职工在上班时间托管幼儿并在下班时接回家,被认为是单位的标准配备。同时,单位依靠财政支持对这些设施提供补贴,职工可以以极低的价格实现幼年子女的社会照料(Stockman,1994)。

再次,单位按照就近建设的原则布置其生产生活空间,以大院布局形式构建了一个单位内部人员的基础生活圈。一方面,职工可以就近完成购物、就餐等活动;另一方面,围合的院墙也为儿童营造了相对安全的空间,减少了职工照看儿童所需要的时间。可以说单位制度的存在为中国近30年的性别平等和家庭分工做出了重要的贡献。

进入改革开放时期,经济改革伴随着单位制度的解体,国家放松了对社会生活多方面的控制,同时由于社会保障制度的建设不完善,也带来了诸多社会服务的不足。一方面,经济领域的性别差异开始显现,女性在就业市场和职业发展上的弱势开始出现。另一方面,女性作为"妻子和母亲"的社会角色开始受到重视,"女性化的"性别认同开始出现,家庭生活中的性别差异导致了家庭责任分工的重构(张文佳等,2008)。同时,计划生育政策颁布以来,一对夫妻一个孩子的核心家庭模式开始成为城市家庭的主流。城市出生率从1978年的18.25‰降低至2012年的12.1‰(国家统计局,2013),女性生育率从1979年的2.9降低到2004年的1.7(Hesketh et al.,2005)。一家只有一个孩子带来了家庭对于孩子教育、成长的重视,家长开始投入更多的时间用于家务和家庭照料上。在这样的背景下,家庭规模缩小、女性回归家庭、儿童抚养重要性提高,性别差异开始成为城市地理学、城市社会学的重要命题。

作为城市家庭的主流,核心家庭的性别差异在逐步增加。男女家长在进行家庭分工时,往往女性会承担更多的家庭责任(Hubers et al.,2011;Kang et al.,2011),形成"男主外,女主内"的家庭分工格局。相比男性,女性承担更多的购物、照料小孩、家内家务等活动(Parish et al.,2000;Zuo et al.,2001),家庭责任对其日常生活施加了明显的时空制约(张文佳等,2008)。

相比于核心家庭,一些年轻夫妻选择寻求"扩展家庭",特别是父母的帮助来作为家庭分工性别平等的解决办法(Logan et al.,1998,1999;Chen,2005)。近些年来,随着城市家庭"4—2—1"结构逐渐形成,越来越多的中国家庭要承担一个孩子和四位老人的抚养照料(Hesketh et al.,2005;Fowler et al.,2010),和老人一起居住成为了解决家庭责任的重要举措。年轻夫妻通过和老人一起居住来实现子女的照料问题,将女性从家务和儿童照料中解放出来(Logan et al.,1999;Chen,2005)。而"扩展家庭"的居住方式也能实现年迈父母的抚养问题(Chen,2005)。2012年,全国城市约有17.5%的家庭是三代合居的家庭(国家统计局人口和就业统计司,2013)。对于有小孩的双职工家庭来说,就业压力与家庭责任之间的矛盾正在成为影响居民生活质量的重要因素。有理由相信,老年人的参与会影响家庭责任分工的性别差异,改变男女家长的行为模式。

5.1.2 家庭类型与行为差异

性别通过劳动分工、资源可获得性和主体意识对城市中的社会关系产生了结构性制约,导致基于性别的社会不平等(England,1993;McDowell et al.,2005)。在社会、文化、经济与空间因素的综合制约下,基于性别的社会不平等不仅体现在就业机会与薪酬的差异上,而且已经渗入到日常生活的方方面面,深刻影响到女性的生活质量。女性时空行为研究关注城市社会转型与空间重构背景下女性面临的时空制约与空间不平等及其引发的社会问题,有利于解释女性与城市空间独特的互动方式,成为城市地理学、交通地理学和文化地理学关注的热点问题(Kwan,1999;Law,1999;柴彦威等,2003;Hanson,2010)。

学者提出女性比男性经历了更多的时空制约(Kwan,2000;Schwanen et al.,2008),因而导致了行为模式的性别差异(Hanson et al.,1991;Ettema et al.,2007;Schwanen et al.,2008)。家庭责任假说指出相比于男性,职业女性有更多的家庭照料责任,因此面临着更加严重的时空制约,最终导致她们选择了较短的通勤距离、进行更多的与家庭相关的出行、花费更多的时间在家庭相关活动上面(Johnston-Anumonwo,1992)。例如,越来越多的研究证明女性出行距离和时间更短(Hanson et al.,1981;Schwanen et al.,2003;Rosenbloom,2006;Ren et al.,2009);从活动时间分配上,男性往往花费更多的时间用于工作,而女性花费更多的时间用于料理家务和照料儿童(Kwan,2000;Schwanen et al.,2008;Ettema et al.,2009)。特别是是否有孩子以及孩子的数量作为家庭责任的指标影响性别差异。学者指出孩子的出现会减少母亲的工作时间和通勤距离,但是会增加父亲的工作时间和通勤距离(Singell et al.,1986;Turner et al.,1997;McQuaid et al.,2012)。学者认为对于女性来讲,有孩子和孩子的增加意味着工作和家务之间的权衡要向着家庭方面倾斜(Schwanen et al.,2014),从而扩大了性别差异(Ettema et al.,2009)。

虽然已有研究主要强调家庭内部男女家长协调分工,但是家庭的其他成员(如祖父母、小时工、其他亲友等)都有可能参与家庭责任的分配、组织和协调。一般认为扩展家庭是实现性别平等和平衡家庭分工的重要方法(Logan et al.,1998,1999;Chen,2005)。祖父母往往是家务活动和儿童照料的主要承担者,给年轻母亲更多的机会和时间参与工作(Wheelock et al.,2003;Goh,2009)。身体健康、年纪较轻的老年人(70岁以下)能够从事较多的维持性活动,可以显著地减少男女家长的家务活动时间(Hjorthol et al.,2010)。冯建喜等(Feng et al.,2013)在南京的研究发现,相比于核心家庭的男女家长,扩展家庭里的年轻男女家长经历了更少的时空制约,有更多的时间用于通勤来寻找城市中心更好的工作机会。从生命周期的角度出发,学者提出,出行需求的变化可以通过家庭结构来预测,例如职业女性增加导致工作出行增加,年轻单身个体增加导致独自出行增加,没有孩子的单身个体或者年轻夫妇的增加导致社交—娱乐型出行增加,双职工家庭的增加导致女性的独自出行和出行时间增加;相反,有孩子家庭的减少导致已婚女性独自出行和开车载其他人出行都减少,有孩子的单职工家庭的减少导致女性购物活动减少,有老年人的家庭的增加导致了移动性的减少(Kostyniuk et al.,1986)。

5.1.3 家庭类型对生活方式的影响

人类所具有的社会性既赋予了个体不同的社会角色和社会关系,也限制了个体必须要在一定的家庭或者其他组织中承担责任。家庭作为城市社会的最基本单元,通过家庭成员之间的相互交流、协商甚至妥协,在家庭整体的生活方式中表现出家庭成员的价值观、态度和认知的综合特征,并限制个体的信仰、价值观和生活方式选择。事实上,家庭选择了一种类型的汽车、一个工作居住或者学习的地点,也就相当于选择了每一个成员潜在的生活模式。家庭结构的变迁会导致个人在日常生活中与他人的关系、自身的行为、对城市空间的利用开始发生彻底的改变。因此,本章选择家庭类型作为生活方式的重要制约因素进行讨论(图 5-1)。

是否结婚、是否有小孩、是否与老年人合居这些家庭生命周期因素以及家庭中的个体角色与地位等主观因素共同决定了个体所处的家庭类型特征,是单身家庭、已婚无子女家庭、已婚有子女核心家庭还是已婚有子女扩展家庭等类型对个体的日常生活产生了极为重要的影响。具体来说,家庭类型主要通过三个方面影响个体的时空行为与生活方式:①家庭中的资源分配情况,例如家庭中的汽车谁来开;②家庭中的责任分工,例如家庭中谁是主要的收入来源、是否为双职工家庭、是否有其他家庭成员一起承担家务;③家庭中的社会认同,例如对于女性家务劳动的价值评估等。这三个因素对于每一个个体在家庭中能够得到什么资源与帮助、是否受到工作与家庭的双重压力等都起到了重要的制约作用,进而影响家庭中的家务时

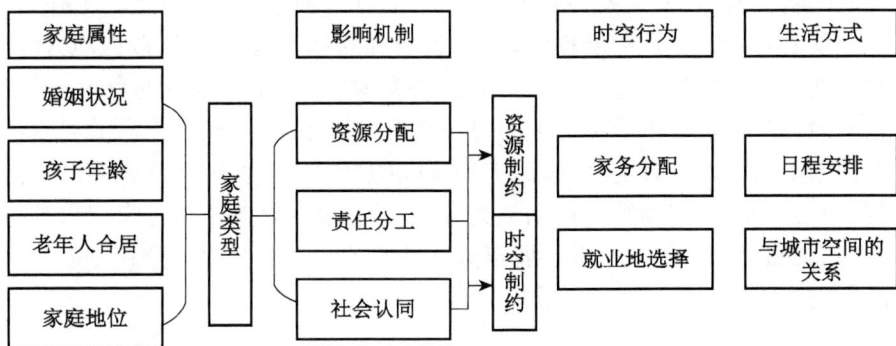

图 5-1 家庭类型对生活方式的影响

间的分配以及每个居民的就业地选择。

因此,本章选取家中至少有一个 16 岁以下儿童的双职工家庭样本作为研究的子样本集,分为核心家庭与扩展家庭从日程安排和与城市空间的关系两个方面分析家庭特征对居民生活方式的影响,特别是家庭类型对时空行为的性别差异的影响。

5.2　家庭类型与时空弹性

本节主要比较核心家庭和扩展家庭居民在时空弹性上的差异。时空弹性测量按照时间和空间的固定性水平采用五级量表进行测量,1 表示完全弹性,5 表示完全固定,数值低表示弹性高,代表了时空制约弱、可改变能力强,数值高表示固定性强,代表了时空制约强、可改变能力弱。

5.2.1　不同类型活动的时空弹性

不同活动类型之间具有显著的时空弹性差异(表 5-1)。相比于核心家庭男性,扩展家庭男性认为工作、上学、接送家人、其他事务、散步、体育、联络、上网和其他活动在空间上更为固定,而上学、接送家人、个人照料、散步和上网的时间固定性更强。另一方面,相比于核心家庭女性,扩展家庭女性认为上学、家务、接送家人、其他事务、上网和其他活动的空间固定性更强,而其他事务、个人照料、上网的时间固定性更强。总体上看,与老年人合住老年人对男性的帮助更大;但是由于女性承担了更多的家务和照料老人小孩的活动,来自老年人的帮助能够减少女性感受到的来自家务活动的时间制约。

5.2.2　整日的时空弹性特征

将居民整日所有活动的时间/空间弹性评价值进行加和可以得到被调查者整日平均时空固定性水平(表 5-2)。对于两类家庭而言,空间制约都比时间制约要强,说明被调查者认为空间比时间更加难以改变。工作日,不论是核心家庭还是扩展家庭,受到就业和家庭责任的双重影响,女性都比男性感受到更多的时空制约。对比两类家庭,不论男性还是女性,扩展家庭的被调查者都感受到更少的时空制约。而休息日,核心家庭的男性比女性感受到更多的时空制约,而扩展家庭的男性比女性感受到更多的空间制约而更少的时间制约。对比两类家庭,扩展家庭男性比核心家庭男性感受到更少的时空制约,但是扩展家庭女性比核心家庭女性感受到更多的空间制约。

表 5-1　不同家庭居民各类活动时空弹性的性别差异

	空间固定性				时间固定性			
	核心家庭		扩展家庭		核心家庭		扩展家庭	
	男性	女性	男性	女性	男性	女性	男性	女性
就业活动	4.52	4.54	4.54	4.42	4.13	4.14	3.90	3.86
工作	4.54	4.57	4.55	4.38	4.17	4.18	3.88	3.92
上学	4.17	4.27	4.38	4.84	3.44	3.71	4.23	3.28
家庭相关活动	4.15	3.93	3.89	4.09	3.04	2.89	2.67	2.57
家务	4.32	4.10	3.81	4.29	2.97	2.90	2.56	2.40
购物	3.08	2.72	2.69	2.62	2.61	2.56	2.25	2.26
接送家人	4.58	4.21	4.78	4.53	4.04	4.00	4.33	3.84
照看老人小孩	4.19	4.27	4.12	4.24	3.13	3.07	2.69	2.67
其他事务	3.76	3.84	3.80	4.50	3.00	2.56	2.50	2.63
个人相关活动	4.04	4.18	3.88	4.02	3.20	3.15	2.90	2.90
用餐	3.95	4.06	3.75	3.95	3.24	3.22	2.87	2.86
个人照料	4.48	4.49	4.16	4.16	2.92	2.94	2.96	2.98
看病就医	4.00	4.24	3.86	3.60	3.75	3.59	2.86	3.00
休闲娱乐相关活动	4.03	3.96	3.45	3.48	2.79	2.70	2.33	2.21
散步	2.40	2.76	2.56	2.40	2.10	2.48	2.13	2.20
体育	2.75	3.14	3.60	2.83	2.75	3.29	2.40	2.17
社交	4.00	3.70	3.04	3.08	3.15	2.97	2.63	2.83
休闲	4.15	4.14	3.63	3.61	2.78	2.66	2.30	2.16
其他类活动	3.96	3.81	4.11	4.19	2.72	2.49	2.40	2.39
联络	3.71	4.00	4.00	3.50	2.57	3.25	2.00	2.25
上网	3.93	3.74	4.18	4.44	2.46	2.24	2.54	2.27
旅游	3.00	3.00	1.67	3.00	3.00	3.00	2.00	3.00
其他	4.35	4.00	5.00	4.04	3.75	2.69	1.80	2.60

注:数值越高表示弹性越低、固定性越高。

表 5-2　不同家庭类型居民整日活动时空弹性的性别差异

		工作日空间固定性	工作日时间固定性	休息日空间固定性	休息日时间固定性
核心家庭	男性	22.80	18.61	24.20	17.17
	女性	23.43	18.62	23.82	15.31
扩展家庭	男性	22.06	16.89	22.77	15.44
	女性	23.36	17.66	24.17	14.94
总样本		22.97	18.09	23.79	15.76

表5-3是被调查者平均每天参与不同类型弹性水平活动的次数。工作日来自核心家庭的被调查者感受到更多的时空制约,他们活动的开始时间和地点相对于扩展家庭都更加固定。他们参与了更多的固定性高的活动和更少的弹性高的活动,因而感受到更强烈的时间制约。核心家庭的男性每天平均参与1.98个时间固定活动,而扩展家庭男性只有0.95个时间固定活动,并且这一差异在95%的显著性水平上显著。核心家庭的女性每天平均参与1.91个时间固定活动,而扩展家庭女性有1.09个时间固定

表5-3　不同家庭类型居民不同时空弹性活动次数的性别差异

			弹性	比较弹性	一般	比较固定	固定
			N	N	N	N	N
时间固定性							
工作日	核心家庭	男性	0.36	1.29	0.98	1.02	1.98c*
		女性	0.50	1.16	1.20	0.90	1.91a**
	扩展家庭	男性	0.42	1.74	1.48	1.05	0.95d*
		女性	0.74	1.80	1.10	1.41	1.09b**
	总样本		0.50	1.44	1.17	1.07	1.57
休息日	核心家庭	男性	0.88	2.28	1.52	0.38	1.20c***
		女性	0.98	2.09	1.70	0.48	0.81
	扩展家庭	男性	0.95	1.95	2.02	0.69	0.52d***
		女性	1.21	2.42	1.21	0.74	0.61
	总样本		0.99	2.19	1.61	0.55	0.82
空间固定性							
工作日	核心家庭	男性	0.13	0.46	0.65	0.83	3.30
		女性	0.25	0.31	0.82	0.67	3.48
	扩展家庭	男性	0.18	0.57	1.08	0.76	2.89
		女性	0.39	0.52	0.76	0.94	3.18
	总样本		0.23	0.45	0.81	0.79	3.25
休息日	核心家庭	男性	0.32	0.83	1.02	0.63	3.32
		女性	0.30	0.80	1.03	0.65	3.24
	扩展家庭	男性	0.27	0.56	1.44a***	0.74	2.82
		女性	0.36	0.57	0.50c***	1.04	3.40
	总样本		0.31	0.71	1.00	0.75	3.21

　　注:a表示与扩展家庭女性的差异统计显著;b表示与核心家庭女性的差异统计显著;c表示与扩展家庭男性的差异统计显著;d表示与核心家庭男性的差异统计显著;* 表示 $p<0.01$;** 表示 $p<0.05$;*** 表示 $p<0.1$。

活动,但是差异不具有统计显著性。从总体的时间弹性上看,似乎老年人的帮助对于减少男性的时间制约帮助更大。这可能是由于男性参与更多的具有较强时间制约的活动,例如接送小孩等,因此如果老年人帮助承担这些活动,他们的时间制约会大幅下降。但是,我们确实可以看到,扩展家庭的女性比核心家庭的女性参与了更多的时间弹性的活动。因此,老年人对于女性的作用可能不是降低固定活动的固定性,而是增加她们参与时间更加灵活的活动的可能性,使她们有能力更好地控制自己的日程计划。但是,对于空间弹性,老年人的帮助没有显著的效果。这可能是由于工作日的空间制约主要来自工作活动,工作场所施加的固定性制约很难通过家庭结构的变化而改变。对于休息日,老年人的帮助对于男女家长的时空制约的作用都很小。这可能是由于老年人本身也有扶养照料的需求,因此,周末扩展家庭的被调查者需要花费大量时间来陪伴老年人,因而增加了在家的固定活动。

5.2.3 时空弹性的一周差异特征

时空弹性不仅具有一日的时间节奏特征,在一周的时间尺度上也有变化。核心家庭男性和女性的空间弹性变化趋势相似,女性的变化幅度更大(图5-2)。女性周一周二的空间固定性较高,而男性周一到周四的空间固定性相对稳定。工作日周五的空间固定性最小,休息日周日的空间固定性大于周六。扩展家庭男性和女性的空间弹性变化趋势差异大,除周一外,男性的空间固定性小于女性。男性工作日周一的空间固定性最高,随着时间推移而减小;女性工作日的空间固定性表现出较大的波动。休息日周日比周六空间固定性高,而且女性的变化幅度大于男性。

工作日的时间固定性水平高于休息日,且不同家庭的男性/女性表现出相似的特征(图5-3)。核心家庭男性工作日时间弹性的波动小于女性,女性周一和周二的时间固定性高,周三到周五稍降低。女性周日时间固定性稍高于周六。扩展家庭男性周一时间固定性最高,周二到周五小幅度波动,女性周二和周五时间固定性高而周一、周三、周四相对较低。休息日男

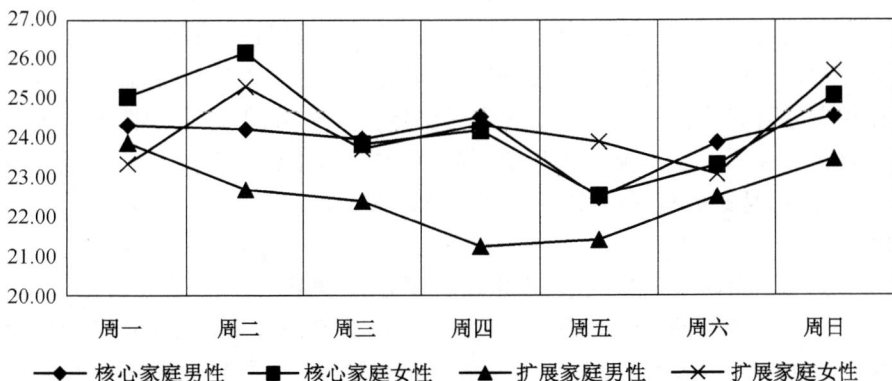

图5-2 不同家庭居民空间固定性的日间差异

图例:核心家庭男性 ■ 核心家庭女性 ▲ 扩展家庭男性 ✕ 扩展家庭女性

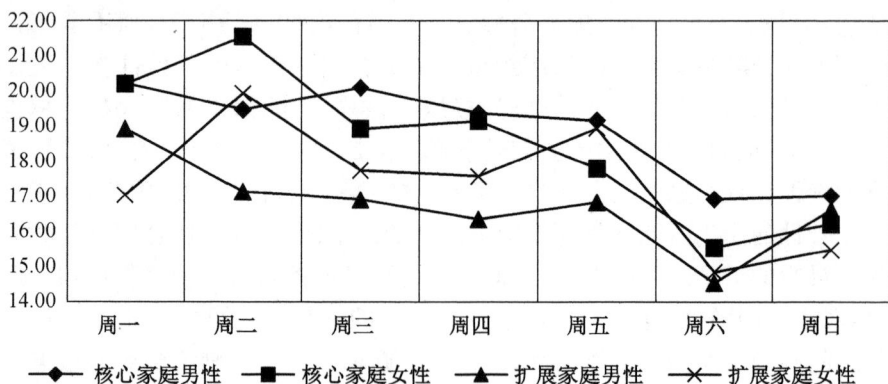

图 5-3 不同家庭居民时间固定性的日间差异

◆ 核心家庭男性　■ 核心家庭女性　▲ 扩展家庭男性　✕ 扩展家庭女性

性和女性都表现出周日高于周六,但是男性的变化更大。

5.2.4 家庭结构对时空固定活动参与的影响

以上分析表明家庭结构对于时空弹性有复杂的影响。本节通过构建回归模型来研究家庭结构对居民时间/空间固定活动参与的影响。因变量是居民日平均参与的固定活动数量。按照时空弹性的分类,将固定性水平为 5 的活动定义为固定活动。由表 5-4 可以看出,家庭结构对于居民工作日的时间固定活动参与有影响而对空间固定活动参与没有显著影响。扩展家庭居民比核心家庭居民参与了更少的时间固定活动。这反映了男女家长与老年人之间的家庭劳动分工模式:老年人承担了更多照料小孩、做饭等轻体力劳动,而这些活动对活动参与者施加了比较强的时空间制约(Goh,2009;Feng et al.,2013)。然而,老年人需要照料陪伴也对男女家长的日常活动施加了新的空间制约。居民在工作日主要的空间固定制约来源是工作,而这一制约很难通过家庭结构来改变。但是家庭结构对于居民休息日的时空间固定性没有显著影响。

个人社会经济属性对居民的时空固定活动参与有密切的影响。女性居民参与的时间固定活动随着年龄的增长而减少。这与已有研究的结论相符:随着孩子长大,女性居民家庭责任的制约减少,因此 40—49 岁的女性比年轻女性参与了更多的休闲活动和更少的照料小孩的活动(许晓霞等,2011)。但是年龄对于居民的空间固定活动参与的影响不显著。教育和收入显著影响男性工作日的时空间固定活动参与,但是对女性没有显著影响。这表明由于社会文化和性别角色的影响,不论女性的教育程度和收入,她们都是家庭责任的主要承担者(Stockman,1994;McDowell et al.,2005)。

孩子的年龄对居民工作日的时间固定活动参与产生了显著的影响。有 6—11 岁孩子的女性和有 0—5 岁孩子的男性时间制约最小;孩子年龄在 12—16 岁之间的居民时间固定活动参与更多。这可能是由于这个年龄

表 5-4　固定活动数量的 OLS 回归模型结果

项目	工作日								休息日							
	时间固定活动参与				空间固定活动参与				时间固定活动参与				空间固定活动参与			
	女性		男性		女性		男性		女性		男性		女性		男性	
	系数	显著性	系数	显著性	系数	显著性	系数	显著性	系数	显著性	系数	显著性	系数	显著性	系数	显著性
截距	7.44	0.014	3.24	0.194	5.01	0.252	−0.50	0.878	3.66	0.096	3.28	0.173	3.05	0.452	1.70	0.598
扩展家庭	−1.09	0.012	−0.74	0.088	−0.37	0.541	0.30	0.575	−0.06	0.864	−0.67	0.108	0.08	0.911	0.46	0.481
年龄	−0.11	0.048	−0.03	0.552	−0.09	0.293	−0.03	0.645	−0.06	0.176	−0.03	0.528	−0.11	0.226	−0.07	0.372
教育程度（参照高中及以下）大专、本科	−1.09	0.158	−0.92	0.325	−0.05	0.963	−3.45	0.005	−0.60	0.279	−1.25	0.168	0.05	0.969	−4.29	0.004
研究生及以上	−1.41	0.115	−1.40	0.18	−0.39	0.77	−3.04	0.027	−1.01	0.12	−1.51	0.13	−0.53	0.704	−4.13	0.012
个人月收入（参照 2 000 元及以下）2 001—4 000 元	0.41	0.559	1.89	0.031	−0.87	0.379	2.64	0.019	−0.19	0.729	1.74	0.038	−0.22	0.847	1.48	0.267
4 001—6 000 元	−0.29	0.678	0.95	0.316	−1.47	0.142	2.27	0.065	−0.54	0.334	1.02	0.262	−1.32	0.25	1.50	0.3
6 001—10 000 元	0.54	0.491	2.01	0.043	0.23	0.83	2.40	0.06	0.06	0.921	1.93	0.043	−0.10	0.936	1.19	0.432
10 001—15 000 元	0.82	0.432	1.04	0.332	0.66	0.664	2.52	0.064	−0.29	0.711	0.61	0.552	0.21	0.902	1.74	0.295
户口（参照类北京户口）	−0.36	0.574	0.42	0.426	−0.42	0.656	1.69	0.016	0.34	0.488	−0.39	0.448	−0.25	0.811	0.61	0.457
驾照	0.51	0.228	0.77	0.143	−0.10	0.874	−0.49	0.466	−0.38	0.253	1.26	0.01	−0.64	0.369	−0.26	0.727
每日活动数量	0.15	0.05	0.02	0.826	0.51	0	0.46	0	0.04	0.503	0.07	0.367	0.59	0	0.51	0
孩子的年龄（参照 12—16 岁）0—5 岁	−1.16	0.097	−1.89	0.009	−0.73	0.475	−0.65	0.485	−0.85	0.118	−1.52	0.028	0.55	0.454	0.03	0.969
6—11 岁	−1.27	0.043	−1.61	0.011	−0.85	0.354	−0.66	0.4	−0.70	0.145	−1.51	0.014	1.33	0.252	2.02	0.068
社区（参照单位社区）保障性住房	−0.46	0.559	−0.45	0.594	0.01	0.996	−0.68	0.469	−0.41	0.482	−0.91	0.257	0.54	0.662	−0.44	0.713
商品房	0.53	0.33	−0.12	0.819	0.64	0.431	0.79	0.267	0.51	0.217	−0.29	0.577	1.07	0.224	1.29	0.122
人均汽车数量	−2.63	0.052	−1.32	0.37	−2.90	0.142	1.60	0.403	−0.83	0.429	−1.98	0.154	−3.24	0.146	1.71	0.435
职住距离	−0.05	0.163	0.00	0.611	−0.06	0.276	0.00	0.679	—		—		—		—	
R^2	0.307		0.409		0.359		0.496		0.259		0.39		0.412		0.459	
调整的 R^2	0.119		0.227		0.194		0.348		0.068		0.213		0.265		0.31	

的孩子参加了更多的课程和补习班等,导致家长接送的活动增加,而这些活动具有比较高的时间制约(Rajagopalan et al.,2009)。另外,孩子很小的居民参与了更少的具有较高时间固定性的家务和就业活动。休息日,孩子的年龄仅对男性有影响:孩子年龄在12—16岁之间的男性感受到更多的时间制约而更少的空间制约。

其他个人属性也与居民的时空固定活动参与有关。有北京户口的男性工作日的空间制约更少。驾照仅影响男性在休息日的时间固定活动参与,可能是由于他们参与了更多的接送家人的活动。同时,与已有研究相符(Schwanen et al.,2008),拥有汽车能够减少女性工作日的时间固定活动参与。

在控制其他变量的情况下,空间固定活动参与随着居民参与活动的数量增加而增大。这是由于参与了更多的活动对居民日常活动空间范围影响显著,使得他们更难改变活动的地点。但是,活动数量仅对女性工作日的时间固定活动参与有影响。这表明当女性的活动时间紧张时,她们更加难以应对工作和家庭责任的冲突。

5.3 家庭类型与行为的时空间结构

5.3.1 整日行为的时空间结构特征

工作日,相比于核心家庭,扩展家庭居民行为模式的性别差异缩小。由连接家庭和工作地的路径可以看出,核心家庭女性比男性的通勤距离短,并在中午或晚上下班的路上或者回家后有大量短距离的出行[图5-4(a)(b)]。女性的时空路径更加的破碎化并且相对收缩。从活动空间面积来看,女性的活动空间面积为14.3 km²,比男性的活动空间面积小7.1 km²。这表明,由于家庭责任和就业压力,核心家庭女性比男性的可达性更小,对城市空间的利用更为集中。扩展家庭的性别差异缩小,虽然依旧有大量女性在家附近工作,但是更多的女性倾向于远距离通勤[图5-4(c)(d)]。从活动空间面积来看,女性的活动空间面积为16.5 km²,只比男性的活动空间面积小2 km²。这表明,老年人的帮助能够在一定程度上缓解日常行为中的性别差异,减小家庭责任带来的时空制约,给予女性更多到城市中心追求职业发展的机会。

图5-4 不同家庭居民工作日时空路径与活动空间

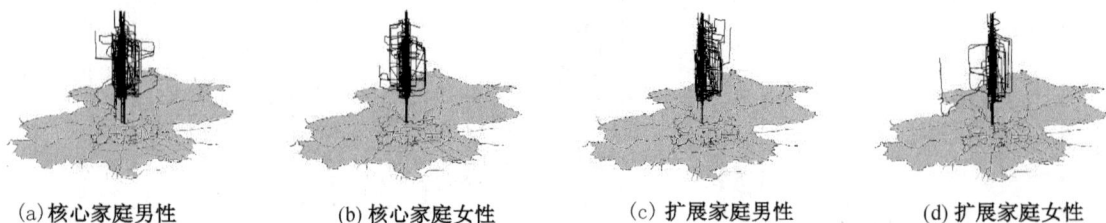

(a)核心家庭男性　　　　(b)核心家庭女性　　　　(c)扩展家庭男性　　　　(d)扩展家庭女性

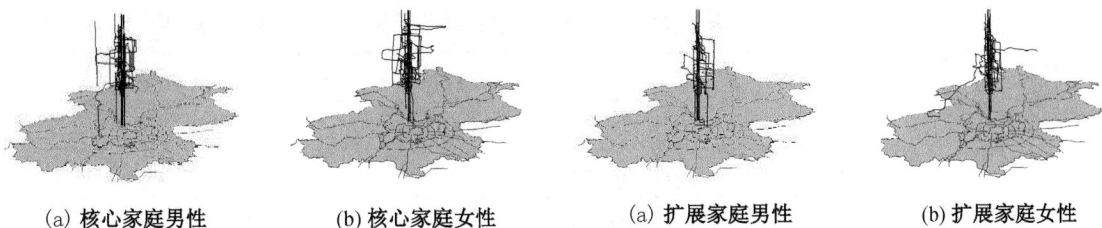

(a) 核心家庭男性　　　　(b) 核心家庭女性　　　　(a) 扩展家庭男性　　　　(b) 扩展家庭女性

图 5-5　不同家庭居民休息日时空路径与活动空间

休息日,不论是男性还是女性,时空路径都更加破碎化。如图 5-5 所示,总体上在两类家庭中女性的出行距离都更长。核心家庭女性的活动空间面积为 16.9 km²,比男性的活动空间面积大 4.2 km²。扩展家庭和核心家庭类似,女性的出行距离更长。同时从时空路径可以看出扩展家庭女性比核心家庭女性的短距离出行更多,男女家长的时空路径都相对收缩。从活动空间面积来看,女性的活动空间面积为 17.5 km²,比男性的活动空间面积大 5.4 km²。

时空路径分析可以提供对于行为多样性的整体印象,有助于理解居民在日常生活中经历的时空制约。不同家庭居民时空路径的差异表明了现代家庭生活中男女家长需要面对的家庭责任和就业压力的双重制约,并表明外界的帮助对于缩小性别差异和改变居民的行为模式具有一定的作用。

5.3.2　不同活动的持续时间特征

工作日,相比于核心家庭,扩展家庭日常活动时间分配的性别差异缩小,说明来自家庭成员的帮助能够促进日常时间利用的性别平等(表 5-5)。核心家庭女性花更多的时间用于家务、照看老人小孩、上学、购物、睡眠、个人照料、看病就医、散步,而男性将更多的时间用于工作、接送家人、其他事务、用餐、体育、社交、休闲、联络、上网和其他活动。特别值得注意的是,核心家庭居民在家庭责任和个人照料方面具有统计显著的性别差异。说明当男女家长对家庭责任进行相互协调分工时,由于传统文化和性别意识的影响,女性倾向于承担主要的家庭责任。扩展家庭居民在家务活动方面的性别差异显著缩小,核心家庭女性比男性多花了约 43 分钟用于家务。在扩展家庭中,虽然女性依旧承担了更多的家务、购物、照看老人小孩和外出办事,但是没有统计显著的性别差异。

老年人的参与对于女性的帮助更大(表 5-5)。扩展家庭的男女家长用于家务和个人照料的时间减少,但是照料老人小孩的时间增加。扩展家庭男性用于家务的时间比核心家庭男性少约 25 分钟,而扩展家庭女性比核心家庭女性少约 49 分钟。这说明来自老年人的帮助确实缓解了女性职业与家庭之间的矛盾。在自由时间内,女性花费更多的时间用于休闲而男性花费更多的时间用于社交。这表明,从生活质量的角度来看,老年人的帮助对于处理家庭责任是一个更好的选择,但是他们也会对男女家长的时

表 5-5　工作日不同家庭类型居民时间利用的性别差异

	核心家庭		扩展家庭	
	男性	女性	男性	女性
就业活动	426.88	406.27	425.85	434.38
工作	419.14	393.19	410.44	414.25
上学	7.74	13.08	15.40	20.13
家庭相关活动	76.00b*	136.20d*	73.46	103.96
家务	54.27b** c***	97.07d** a**	28.99d***	48.26b**
购物	3.76	6.35	2.43	3.81
接送家人	2.70	1.64	4.39	1.98
照看老人小孩	11.50b*** c**	28.20d***	35.69d**	47.53
其他事务	3.77	2.93	1.95	2.37
个人相关活动	659.84	672.29	679.18	655.13
睡眠	551.09	560.07	555.11	539.38
用餐	93.28	85.00	93.93	82.67
个人照料	11.64b** c*	20.73d** a**	25.73d*	31.78b**
看病就医	3.82	6.48a*	4.41	1.29c*
休闲娱乐相关活动	102.73	92.16	86.18	95.46
散步	1.88b***	5.87d***	4.79	2.97
体育	0.96	0.85a***	1.35	3.38b***
社交	11.48	8.30	20.92	9.75
休闲	88.41c***	77.14	59.11d***	79.35
其他类活动	41.87b**	18.56d**	35.72	31.48
联络	4.59	3.81	1.91	3.76
上网	29.67	12.78	29.03	20.74
旅游	7.62b***	1.96d*** a***	4.78	6.98b***
其他	—	—	—	—

注:a 表示与扩展家庭女性的差异统计显著;b 表示与核心家庭女性的差异统计显著;c 表示与
扩展家庭男性的差异统计显著;d 表示与核心家庭男性的差异统计显著;＊表示 $p<0.01$;＊＊表
示 $p<0.05$;＊＊＊表示 $p<0.1$。

间利用提出新的要求和制约(例如,需要更多的时间陪伴家人)。

　　休息日,不同家庭类型的男女家长在时间利用上也有差异。总体而言,女性比男性花费更多的时间在家务活动上,但是这一差异统计不显著(表 5-6)。对比工作日和休息日的时间分配可以发现,居民的时间利用存在一周内的替代效应,休息日居民花费更多的时间用于家庭相关的活动和休闲活动。但是两类家庭的时间分配模式具有差异:核心家庭女性比扩展家庭女性花费更多的时间用于家务,而扩展家庭女性花费更多的时间用于照料老人和小孩;核心家庭男性比扩展家庭男性花费更多时间用于社交和休闲,而扩展家庭男性花费更多时间用于照料老人小孩。这说明,与老年人一起居住在获得他们帮助的同时,他们也对男女家长的时间利用提出了新的要求和时空制约——老年家庭成员需要更多的陪伴。

表 5-6　休息日不同家庭居民时间利用的性别差异

	核心家庭		扩展家庭	
	男性	女性	男性	女性
就业活动	81.30	88.40	72.73	87.41
工作	76.79	72.50	81.10	71.82
上学	9.82	22.10	16.93	19.84
家庭相关活动	174.26	231.47	233.19	254.99
家务	131.27	164.49	78.07	121.82
购物	15.32	17.62	14.91	14.46
接送家人	0.45	0.07	1.38	3.43
照看老人小孩	21.71c*	45.42a**	137.00d*	114.55b**
其他事务	5.51	3.88	1.82	0.72
个人相关活动	754.52	759.56	778.62	767.89
睡眠	631.82	634.26	640.65	632.08
用餐	106.03	102.67	103.62	110.04
个人照料	12.99c**	19.84	30.12d**	22.14
看病就医	3.68	2.79	4.24	3.64
休闲娱乐相关活动	256.78	241.27	206.18	200.68
散步	2.65	4.54	9.38a**	0.00c**
体育	9.82	22.10	16.93	19.84
社交	32.31c*	31.04	1.96a** d*	27.70c**
休闲	214.69	200.76	189.44	172.97
其他类活动	95.79b*	38.71d*	55.06	61.30
联络	13.00	6.21	7.46	1.89
上网	63.50b***	25.08d***	38.21	23.16
旅游	7.00	1.79	9.40	2.28
其他	12.29c**	5.63	0.00d**	33.96

注:a 表示与扩展家庭女性的差异统计显著;b 表示与核心家庭女性的差异统计显著;c 表示与扩展家庭男性的差异统计显著;d 表示与核心家庭男性的差异统计显著;* 表示 $p < 0.01$;** 表示 $p < 0.05$;*** 表示 $p < 0.1$。

5.4 小结

5.4.1 生活方式的性别差异正在增加

当代中国城市郊区生活方式的性别差异正在出现并且扩大化,女性比男性要承受更多的时空制约、承担更多的固定活动,当家庭责任与工作责任相矛盾时,女性倾向于转向家庭而选择更近的工作机会、从事更多的家庭相关活动。而在这种变化中,职业女性越来越受到工作和家庭的双重压力,性别不平等、时间预算紧张、生活质量下降等问题正在显现。

但是,中国城市居民生活方式的性别差异与西方具有显著差别,这一差别主要体现在就业市场带来的行为决策上。这一差别主要在于对于西方女性而言,她们正在经历的变革是从无就业到兼职就业到全职就业的改变,这一改变中她们原有的"家庭导向"的生活方式开始向"家庭—就业"双向转移,但在这一转变中,政府、学者、企业更多考虑的是怎样顺利地把女性从家中吸引到就业市场,且同时不影响她们的家庭角色,因此,兼职就业、郊区就业配套等政策和模式成为女性的主要选择(Giuliano et al.,1993;Levinson et al.,1994),例如一些企业迁入郊区后的招工策略也确实是面向这些女性群体(England,1993),形成了女性短距离通勤、工作时间短、多目的出行、家庭为主的活动模式(Hanson et al.,1991;England 1993;McQuaid et al.,2012)。以美国为例,首先,比较不同生命周期的女性,发现孩子小于 6 岁女性的就业率为 58.2%,而孩子在 6—17 岁之间的女性就业率为 70%(U.S. Bureau of Labor Statistics,2014),说明美国女性在孩子需要照顾的年龄选择以家庭为主,而在孩子上学后重返就业岗位。其次,从就业方式上,美国大约有 25% 的女性就业为兼职就业(U.S. Bureau of Labor Statistics,2014),兼职就业为女性照顾家庭提供了较大的灵活度。再次,美国双职工家庭的比例仅为 47.4%,而仅男性就业的家庭占到 20.1%(U.S. Bureau of Labor Statistics,2014)。

对于中国来说,这一情况正好相反,中国女性在转型期是由单位完全就业向市场化就业转变,在大多数家庭中,女性依旧要作为家庭收入的重要来源全职就业,但同时由于单位解体她们原有的完全就业保障、儿童照料福利等逐渐消失,女性需要面对更多家庭责任的同时也要面对激烈的就业市场竞争。特别是幼儿园等儿童照料设施归于市场化,在时间和空间配置上为女性施加了较强的制约,而职住分离、郊区配套不足也在一定程度上影响了女性原有的日常生活安排。

然而在就业市场差别的情况下,中美女性依旧拥有一些对于家庭的共同特征,例如家庭权利关系中的相对弱势地位、女性自我的性别认同和自我定位,这些都决定了相比于男性,女性更希望在家务和工作之间寻找到更好的平衡(Parish et al.,2000;Zuo et al.,2001;Ettema et al.,2009;

张文佳等,2008),更多地倾向于家庭和儿童照料责任(Johnston-Anumonwo,1992;McLafferty et al.,1997)。而在社会福利设施配套不到位的情况下,女性更多的是需要进行自我调整,重新定位职业与家庭的关系,因而导致性别差异逐渐增加、时间压力紧张的情况。

5.4.2 家庭具有行为的自我协调机制

家庭正在通过各种协调机制来改变和调整成员时空制约和行为模式,以使得家庭成员能够更好地适应郊区生活,更好地完成日常生活所需的各类活动。本章的研究发现,扩展家庭成员参与家庭责任分工能够缓解女性面临的时空制约,减少女性花费在家务活动上的时间,给女性更多的机会和更大的自由追求事业发展和休闲生活。事实上,家庭的协调机制不仅限于扩展家庭的帮助,雇佣小时工、女性选择成为全职太太、通过 ICT 寻求朋友的暂时帮助等都是家庭适应郊区生活、平衡工作和家庭责任的有效方法。已有研究表明,大城市的一些家庭已经开始有女性选择作为全职太太在家照料家务来实现家庭与工作平衡,减少日常生活的压力。而更普遍的一些高收入家庭选择通过市场化的方式转移家庭责任,通过雇佣小时工、保姆实现家务活动的外包(Wang et al.,2009)。越来越多中产阶级的家庭依靠付费的方式来解决自身在就业和家庭责任之间的矛盾,特别是对于女性来说,雇佣小时工、保姆在很大程度上减少了她们的家庭压力。在北京,2007 年约有 10% 的家庭雇佣了小时工等来进行家务活动(马丹,2011)。同时,在信息技术发展的当今城市,在紧急时候通过手机和网络联系朋友、家人帮忙照料家庭事务也成为年轻群体的一个新的趋势。

总体而言,郊区生活扩大了居民在活动和出行方面的性别差异,但是家庭作为一种协调机制,通过不同的家庭战略选择影响和限制了个体的日常生活方式,帮助个体更好地应对自身生活中面临的压力,从而构成了更为复杂的郊区生活方式组成特征。而随着个人主义和现代化的发展,未来的性别关系与生活方式将更加复杂,需要进一步地分析挖掘。

本章参考文献

柴彦威,翁桂兰,刘志林. 2003. 中国城市女性居民行为空间研究的女性主义视角[J]. 人文地理,18(4):1-4.

国家统计局. 2013. 中国统计年鉴(2013)[M]. 北京:中国统计出版社.

国家统计局人口和就业统计司. 2013. 中国人口和就业统计年鉴(2013)[M]. 北京:中国统计出版社.

马丹. 2011. 北京市家政工的现状与问题[J]. 法制与社会(2):175-176.

许晓霞,柴彦威. 2011. 城市女性休闲活动的影响因素及差异分析——基于休息日与工作日的对比[J]. 城市发展研究,18(12):95-100.

张文佳,柴彦威. 2008. 基于家庭的城市居民出行需求理论与验证模型[J]. 地理学报,63(12):1246-1256.

Chen F. 2005. Residential patterns of parents and their married children in contemporary China: a life course approach[J]. Population Research and Policy Review, 24(2):125-148.

England K. 1993. Suburban pink collar ghettos: the spatial entrapment of women? [J]. Annals of the Association of American Geographers, 83(2):225-242.

Ettema D, Schwanen T, Timmermans H. 2007. The effect of location, mobility and socio-demographic factors on task and time allocation of households [J]. Transportation, 34(1):89-105.

Ettema D, Van Der Lippe T. 2009. Weekly rhythms in task and time allocation of households[J]. Transportation, 36(2):113-129.

Feng J, Dijst M, Wissink B, et al. 2013. The impacts of household structure on the travel behaviour of seniors and young parents in China[J]. Journal of Transport Geography, 30(30):117-126.

Fowler A, Gao J, Carlson L. 2010. Public policy and the changing Chinese family in contemporary China: the past and present as prologue for the future[J]. Journal of Macromarketing, 30(4):342-353.

Giuliano G, Small K. 1993. Is the journey to work explained by urban structure? [J]. Urban Studies, 30(9):1485-1500.

Goh E. 2009. Grandparents as childcare providers: an in-depth analysis of the case of Xiamen, China[J]. Journal of Aging Studies, 23(1):60-68.

Hanson P, Hanson S. 1981. The travel-activity patterns of urban residents: dimensions and relationships to sociodemographic characteristics[J]. Economic Geography, 57(4):332-347.

Hanson S, Pratt G. 1991. Job search and the occupational segregation of women[J]. Annals of the Association of American Geographers, 81(2):229-253.

Hanson S. 2010. Gender and mobility: new approaches for informing sustainability [J]. Gender, Place & Culture, 17(1):5-23.

Hesketh T, Lu L, Xing Z. 2005. The effect of China's one-child family policy after 25 years[J]. New England Journal of Medicine, 353(11):1171-1176.

Hjorthol R, Levin L, Siren A. 2010. Mobility in different generations of older persons: the development of daily travel in different cohorts in Denmark, Norway and Sweden[J]. Journal of Transport Geography, 18(5):624-633.

Hubers, C, Dijst M, Schwanen T. 2011. Coordinating everyday life in the Netherlands: a holistic quantitative approach to the analysis of ICT-related and other work-life balance strategies[J]. Geografiska Annaler. Series B, 93(1): 57-80.

Johnston-Anumonwo I. 1992. The influence of household type on gender differences in work trip distance[J]. Professional Geographer, 44(2):161-169.

Kang H, Scott D. 2011. Impact of different criteria for identifying intra-household interactions: a case study of household time allocation[J]. Transportation, 38(1): 81-99.

Kostyniuk L, Kitamura R. 1986. Household lifecycle: predictor of travel expenditure [M]//Behavioural Research for Transport Policy. Utrecht, the Netherlands:VNU

Science Press: 343-362.

Kwan M P. 1999. Gender and individual access to urban opportunities: a study using space-time measures[J]. Professional Geographer, 51(2):210-227.

Kwan M P. 2000. Gender differences in space-time constraints[J]. Area, 32(2): 145-156.

Law R. 1999. Beyond 'women and transport': towards new geographies of gender and daily mobility[J]. Progress in Human Geography, 23(4):567-588.

Levinson D, Kumar A. 1994. Operational evidence of changing travel patterns: a case-study[J]. ITE Journal, 64(4):36-40.

Logan J, Bian F, Bian Y. 1998. Tradition and change in the urban Chinese family: the case of living arrangements[J]. Social Forces, 76(3):851-882.

Logan J, Bian F. 1999. Family values and coresidence with married children in urban China[J]. Social Forces, 77(4):1253-1282.

McDowell L, Ray K, Perrons D, et al. 2005. Women's paid work and moral economies of care[J]. Social & Cultural Geography, 6(2):219-235.

McLafferty S, Preston V. 1997. Gender, race, and the determinants of commuting: New York in 1990[J]. Urban Geography, 18(3):192-212.

McQuaid R, Chen T. 2012. Commuting times: the role of gender, children and part-time work[J]. Research in Transportation Economics, 34(1):66-73.

Parish W, Farrer J. 2000. Gender and family[M]//William L, Parish W. Chinese Urban Life under Reform. Cambridge University Press: 209-231.

Rajagopalan B, Pinjari A, Bhat C. 2009. Comprehensive model of worker nonwork-activity time use and timing behavior[J]. Journal of the Transportation Research Board(2134):51-62.

Ren F, Kwan M P. 2009. The impact of the Internet on human activity-travel patterns: analysis of gender differences using multi-group structural equation models[J]. Journal of Transport Geography, 17(6):440-450.

Rosenbloom S. 2006. Understanding women's and men's travel patterns: the research challenge[R]. Washington, DC: Paper presented at the Research on Women's Issues in Transportation: Volume 1 Conference Overview and Plenary Papers, Conference Proceedings: 35.

Schwanen T, Dijst M. 2003. Time windows in workers' activity patterns: empirical evidence from the Netherlands[J]. Transportation, 30(3):261-283.

Schwanen T, Kwan M P, Ren F. 2008. How fixed is fixed? Gendered rigidity of space-time constraints and geographies of everyday activities[J]. Geoforum, 39 (6):2109-2121.

Schwanen T, Kwan M P, Ren F. 2014. The Internet and the gender division of household labour[J]. Geographical Journal, 180(1):52-64.

Singell L, Lillydahl J. 1986. An empirical analysis of the commute to work patterns of males and females in two-earner households[J]. Urban Studies, 23(2):119-129.

Stockman N. 1994. Gender inequality and social structure in urban China[J]. Sociology, 28(3):759-777.

Turner T, Niemeier D. 1997. Travel to work and household responsibility: new evidence[J]. Transportation, 24(4):397-419.

U. S. Bureau of Labor Statistics. 2014. Women in the labor force: a databook[EB/OL]. (2017 - 06 - 18)[2018 - 11 - 22]. https: www. bls. gov/cps/wlf-databook-2013. pdf.

Wang D, Li J. 2009. A model of household time allocation taking into consideration of hiring domestic helpers[J]. Transportation Research Part B, 43(2):204-216.

Wheelock J, Oughton E, Baines S. 2003. Getting by with a little help from your family: toward a policy-relevant model of the household[J]. Feminist Economics, 9(1):19-45.

Zuo J, Bian Y. 2001. Gendered resources, division of housework, and perceived fairness: a case in urban China[J]. Journal of Marriage and Family, 63(4):1122-1133.

6 基于移动性的郊区居民生活方式研究

随着城市机动化的增加,个体移动性的问题成为时空行为研究关注的焦点。西方研究认为机动化对于推动郊区化和城市蔓延起到了根本性的作用。而在转型期的中国,随着汽车拥有量的提高,汽车的拥有、分配和使用成为居民移动能力的决定性因素,特别是对郊区居民来说,汽车逐渐成为出行的重要工具。而面对低碳城市、可持续城市这样一些城市发展前沿话题,是否拥有汽车已经不仅仅是社会地位的表现,更是个体对于可持续生活的态度。本章将从汽车所有权视角聚焦活动空间的群体差异,以理解郊区居民生活方式的移动性制约机制。

6.1 汽车所有权与生活方式的关系

6.1.1 城市汽车所有权增长趋势

随着中国城市家庭私人汽车保有量的快速增长,小汽车已日渐成为居民日常出行的重要交通工具,汽车所有权与汽车使用快速上升及其所带来的日常行为变化已经成为中西方学者共同关注的话题。1999—2009 年的十年间,中国汽车所有权的上升率为每年 17.2%,截至 2012 年年底中国已经有超过 1.2 亿辆汽车(Zhao et al.,2011)。以北京市为例,近些年机动车保有量快速增长,从 2007 年的 312 万辆增长到 2012 年的 520 万辆,其中私人汽车拥有量从 183 万辆增长到 420 万辆,私人拥有汽车占到全市汽车总量的 80%(图 6-1)。2007—2010 年,私人汽车拥有量年平均增长率为 18.4%,2011 年开始实施机动车牌照摇号配置政策后,机动车增长率有所下降,机动车年平均净增 4.0%,私人汽车年平均净增 3.6%,但是总量依旧处于上升趋势。

根据 2007—2012 年北京市常住人口数量和私人汽车保有量来计算北京市人均私人汽车拥有量(表 6-1)。2007—2012 年,北京市常住人口增长了 23.5%,而私人汽车拥有量增长了 77.8%,人均汽车拥有量从 0.14 辆每人增长到 0.20 辆每人。2012 年北京交通发展研究中心对北京市城六区交通出行的研究发现,工作日私人汽车平均出行次数为 2.70 次,节假日为 2.71 次,工作日汽车出行的主要用途为通勤。

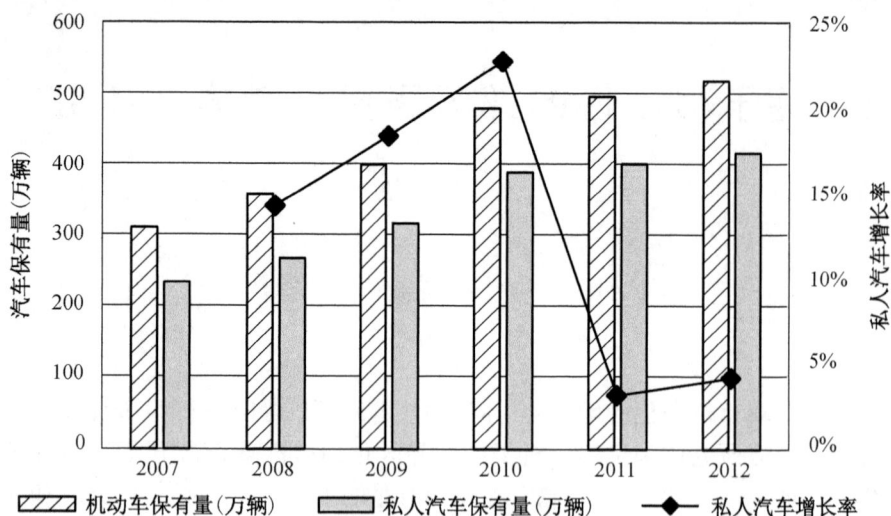

图 6-1 北京市机动车保有量变化

图例：██ 机动车保有量（万辆）　██ 私人汽车保有量（万辆）　◆ 私人汽车增长率

表 6-1　北京市人均汽车拥有量

年份	私人汽车保有量（万辆）	常住人口（万人）	人均汽车拥有量
2007	235.8	1 676.0	0.140 692
2008	269.3	1 771.0	0.152 061
2009	318.6	1 860.0	0.171 290
2010	390.9	1 961.9	0.199 246
2011	402.8	2 018.6	0.199 544
2012	419.2	2 069.3	0.202 581

　　郊区化、汽车发展与机动车道路系统建设互相促进，推动了北京市居民的出行方式向汽车出行转变。北京交通发展研究中心的交通出行调查数据表明，不算步行在内，2012 年六环内日均出行总量达 3 033 万人次，其中小汽车为 990 万人次每日、公共汽车出行量为 826 万人次每日、轨道交通为 509 万人次每日、自行车为 422 万人次每日。2012 年，汽车出行占到了城市出行总量的 32.6%，成为城市出行的主要交通方式，比 2000 年高 9.4%，比 1986 年高 27.6%。

　　汽车拥有量的上升与汽车出行的增加加剧了北京市的交通拥堵问题。北京交通发展研究中心报告指出，2012 年工作日早高峰（7:00—9:00）期间，北京市路网平均速度为 26.0 km/h；晚高峰（17:00—19:00）期间，路网平均速度为 23.5 km/h。特别是 9—12 月份，由于天气转冷、学校开学等原因，城市交通拥堵明显高于其他月份。拥堵已经成为限制居民日常出行的主要问题。

　　可以说，中国的大城市已经迈入了汽车社会的门槛，汽车作为日常出行重要的交通方式选择，对城市居民的日常生活产生了深刻的影响（Shen，1997；黄晓燕等，2012）。机动化与郊区化互相促进快速发展，带来了交通需求的迅猛增加,城市交通需求与交通供给的矛盾日益尖锐。研究城市小汽车使用的时空特征及其与居民日常行为的相互关系,是制定交通需求管理和城市空间规划措施的前提,具有重要的学术价值和现实意义。然而,目前国内有关汽车所有权与汽车使用对城市居民日常行为的影响的研究还很少。

6.1.2 汽车所有权与行为差异

汽车所有权是影响出行行为的重要因素,国外已有研究关注于汽车所有权对出行距离、汽车出行、出行时间、交通方式选择和活动空间的影响。表6-2总结了部分研究对汽车所有权因素的分析,总体而言对出行距离和汽车出行的研究结果较为一致,但是已有研究对于机动化与活动空间的关系的研究结论存在争议。一些研究指出拥有汽车能够显著增加汽车出行(Bagley et al.,2002;Cervero et al.,2006),并且扩大居民活动空间的范围(Fan et al.,2008;Zenk et al.,2011)。汽车主要使用者的活动空间显著大于非主要使用者(Schönfelder et al.,2003)。相比于使用公共交通,

表6-2 汽车所有权对出行行为影响的部分研究

	研究区域	自变量	因变量	影响
Fan et al.,2008	美国北卡	汽车所有权	活动空间	正向影响
Jones et al.,2014	美国洛杉矶	汽车所有权	活动空间	无影响
Tracy et al.,2011	美国水牛城	汽车所有权	交通方式选择	倾向于选择汽车而不是公交和非机动方式
Bagley et al.,2002	美国旧金山湾区	汽车数量	整日出行距离	汽车出行增加,公交出行减少
Cervero et al.,2006	美国旧金山湾区	人均机动车数量	整日汽车出行距离	正向影响
		驾照	整日汽车出行距离	正向影响
Manaugh et al.,2010	加拿大蒙特利尔	汽车数量	通勤出行距离	正向影响
王丰龙等,2014	中国北京	驾照	汽车出行时间、汽车出行频率	正向影响
		驾照	汽车行驶里程	无影响

汽车使用不但能够扩大活动空间的范围,而且能够显著提高活动空间内的城市机会数量(Kwan et al.,2015)。但是,也有研究表明汽车所有权对活动空间的面积没有显著影响(Jones et al.,2014)。同时大部分研究关注美国、欧洲等发达国家和地区,对发展中国家的研究较少。王丰龙和王冬根(2014)的研究表明汽车所有权对北京汽车行驶里程的影响并不显著。

6.1.3　汽车所有权对生活方式的影响

新城市主义、精明增长以及中国学者提出的新单位主义等在近年来都提出了一系列的理论概念和实证研究探讨郊区发展与汽车所有权增加对居民日常活动移动行为的影响(Handy et al.,2005;柴彦威等,2012)。郊区的低密度发展和单一土地利用的发展模式导致了更高的汽车拥有率和更长的汽车出行距离,研究认为居住区人口密度、零售用地与居住地的距离、职住接近、公交站点的通达性、居住区位和住房类型等都对汽车使用、长距离出行有重要影响(Cervero,1995;Ewing et al.,2003;Handy et al.,2005;Cervero et al.,2006;王丰龙等,2014)。学者提出需要通过建设高密度、混合土地利用的社区来减少汽车出行及相应的社会问题。以汽车所有权为代表的移动性问题已经成为从个体层面理解城市居民日常生活的重要因素。因此,在技术环境层面,本章选择移动性作为生活方式的重要制约因素进行讨论(图6-2)。

收入所代表的购买力特征、是否拥有驾照以及能否成为家庭汽车的主要使用者这些限制因素和个体对于汽车出行的偏好共同决定了家庭的汽车拥有情况及汽车的分配与使用情况。移动性对于居民时空行为及生活方式的影响机制包括可达性、移动能力和弹性三个方面,分别涉及拥有汽车是否能增加居民对城市空间的利用程度、能否增加居民的移动性水平以及能否增加居民日常行为的日间差异。拥有汽车本身作为一种财富资源构成居民出行的资源制约,而能否使用汽车带来的可达性、移动能力与弹性差异改变了居民出行的时空制约机制,进而共同影响居民汽车出行距离和郊区居民到城市中心活动的能力。因此,本章主要从移动方式和与城

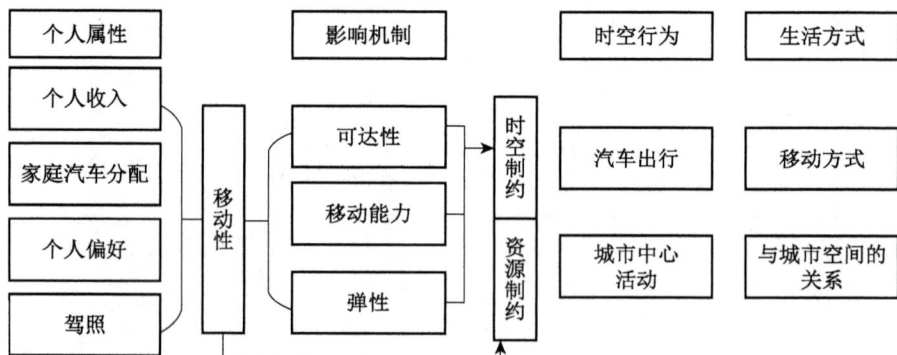

图6-2　移动性对生活方式的影响

市空间的关系两个方面分析汽车所有权对居民生活方式的影响,使用活动空间和汽车出行距离指标进行度量。

6.2 汽车所有权与日常活动—移动行为

6.2.1 整日行为的时空结构特征

工作日,不同汽车所有权居民的时空路径具有差异性[图 6-3(a)(c)(e)]。没有车的居民活动空间最为收缩,表现出明显的近家趋势,在长安街以南、西四环以外活动的样本很少;8:00—18:00 之间为主要的家外活动时间,一部分居民晚上的外出活动持续到 22:00 左右。有一辆车的居民活动空间比没有车的居民更向外扩张,尤其表现为向西、向南活动的样本增加。这些居民早高峰比没有车的居民要提前,晚高峰较为集中,晚上在外活动的居民减少。有两辆及以上车的居民在空间上最为扩展,表现为向东、向南的活动增加,有样本到南五环外活动,而且表现出明显的沿环路出行的现象。8:00—18:00 为主要的外出活动时间,但是部分样本的时间破碎化程度高。

休息日,居民的时空路径破碎化程度提高,有相当一部分居民没有家外活动,近距离出行以短时间活动为主,远距离出行的活动一般持续时间较长[图 6-3(b)(d)(f)]。没有车的居民休息日时空路径相比于工作日有所扩张,尤其是向东、向北方向活动增加,活动范围在城六区的分布比较平均。有一辆车的居民休息日时空路径相比于工作日的变化主要体现在空间范围向北移动,主要活动范围集中在长安街以北,以中关村为核心沿环路延展。有两辆及以上车的居民出行空间范围广,表现出沿环路活动的特征。

6.2.2 活动地点的集聚特征

使用 ArcGIS 的标准距离工具分析居民整日活动点之间的关系,标准距离越大说明活动点之间越分散。表 6-3 表明,郊区居民休息日的活动点分布比工作日更加集中。家中有一辆汽车的居民活动点分布最为集中,这可能是由于他们会根据汽车使用情况分配家庭任务,使得没有开车的一方活动更为集中。而有两辆及以上车的居民活动点分布最为分散,说明汽车确实增加了居民在城市内部不同区位进行活动的能力。而没有汽车的居民活动点分布要比有一辆汽车的居民更加分散,这可能是受到了公共交通路线等因素的影响。

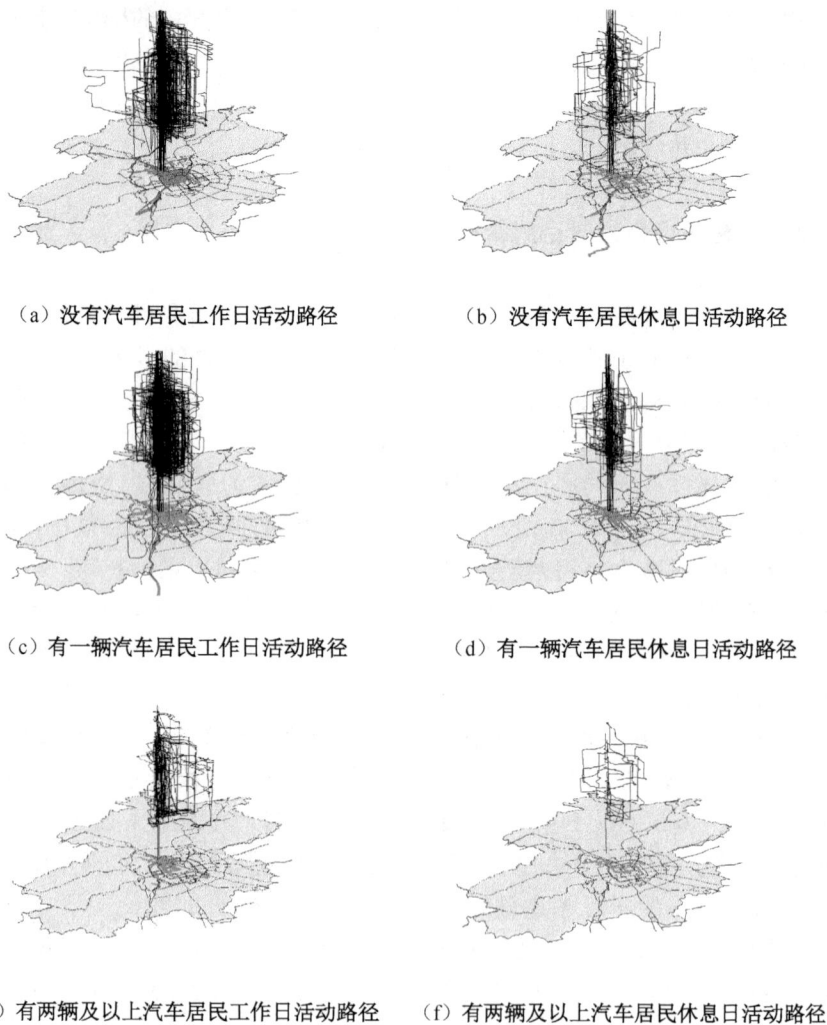

（a）没有汽车居民工作日活动路径　　　（b）没有汽车居民休息日活动路径

（c）有一辆汽车居民工作日活动路径　　　（d）有一辆汽车居民休息日活动路径

图 6-3　不同汽车
所有权居民时空
路径特征

（e）有两辆及以上汽车居民工作日活动路径　　（f）有两辆及以上汽车居民休息日活动路径

表 6-3　活动点的空间集聚特征

	工作日活动点间标准距离	标准差	休息日活动点间标准距离	标准差
没有汽车	3.901	0.439	3.811	0.549
一辆汽车	3.663	0.332	2.888	0.259
两辆及以上汽车	5.042	0.796	4.298	0.618

6.2.3　活动点的距家距离特征

图 6-4 表现了居民工作日非工作活动的距家距离特征。居民平均非工作活动距家距离为 6.94 km，其中休闲活动为 6.93 km，购物活动为 3.11 km，外出就餐为 7.72 km。可以看出，郊区居民的购物活动具有近家特征，但是其他非工作活动都在离家较远的区位进行，说明郊区居民的日

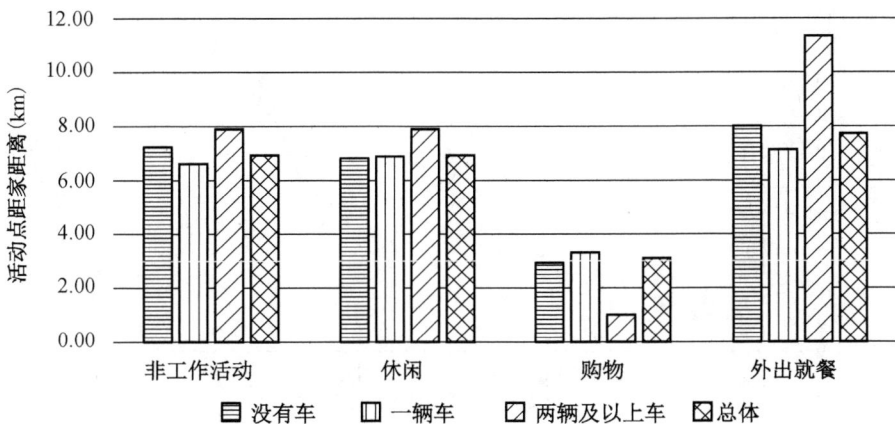

图 6-4 工作日不同汽车所有权居民活动距家平均距离

活动空间并不局限在郊区空间之内。另一个层面也反映了郊区空间设施不足,难以承载居民的日常生活需要。从总体上看,家里有两辆及以上车的居民非工作活动离家较远,但是他们的购物活动显著地集中在郊区空间之内,而外出就餐距家距离达到 11 km 以上,形成两极化的日常生活空间特征。而家里有一辆车的居民不一定比没有车的居民活动距离更远,这可能是由于家里有一辆车的居民存在家庭内部汽车分配问题,有车并不代表能够使用汽车作为出行工具。

休息日,居民平均非工作活动距家距离为 7.35 km,其中休闲活动为 8.46 km,购物活动为 5.19 km,外出就餐为 8.97 km(图 6-5)。相比于工作日,休息日居民的日常活动空间更加分散,非工作活动向郊区空间以外的地域扩展,尤其是休闲活动和购物活动的空间范围扩展。总体上,家里有两辆及以上汽车的居民非工作活动离家更远,休闲活动和外出就餐活动都在离家 11 km 以上。但是没有汽车的居民非工作活动的距家距离也显著增加,并大于家里有一辆车的居民,进一步说明了公共交通对于居民非工作活动的重要意义。

图 6-6 是居民工作日活动距家距离累积曲线图。社区承载了居民 6% 的工作活动、27.8% 的休闲活动、39.7% 的购物活动和 7.5% 的外出就餐活动。说明,社区是居民工作日日常用品购买的主要选择和休闲活动的

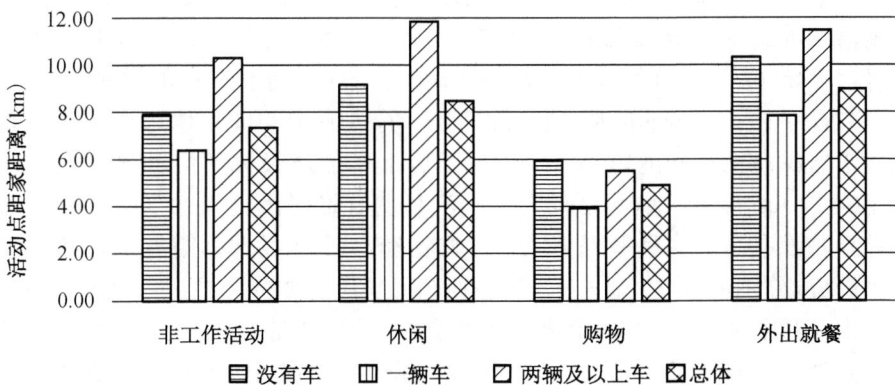

图 6-5 休息日不同汽车所有权居民活动距家平均距离

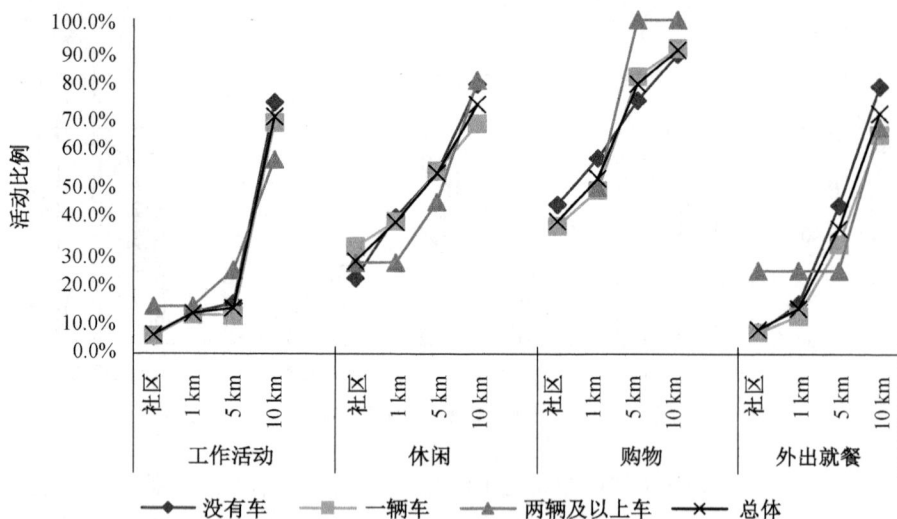

图 6-6 不同汽车所有权居民工作日活动距家距离分布

重要场所。57.2%的工作活动在5—10 km之间,30%左右的工作活动距家距离在10 km以上,说明郊区居民的工作行为具有职住分离的特征。而且职住分离的强度随着家庭汽车数量的增加而增长,说明汽车增加了居民寻找就业机会的空间范围。休闲活动的空间分布较为平均,但不同汽车拥有数量的居民之间有差异。没有车的居民更有可能在距家1 km范围内进行休闲活动,这可能是由于他们乘坐公共交通进行通勤,在公共交通设施与家之间的区域进行休闲活动。有一辆车的居民10 km以上的休闲活动要高于其他居民,说明汽车增加了他们进行休闲活动的移动性。对于购物活动,没有车的居民相对于有一辆车的居民表现出了近家型的特征,但是一旦购物距离超过了5 km,二者差别就缩小了。外出就餐活动与工作活动的空间分布类似,这是由于很多外出就餐活动是发生在工作活动中间或者工作活动之后,受工作地的制约。

图6-7是居民休息日非工作活动距家距离的累积曲线图。可以看出,相比工作日,社区在休闲活动和购物活动中的重要性下降而在外出就餐活动中的比例上升。这说明休息日居民倾向于到其他区域,特别是城市中心进行休闲和购物活动,但是外出就餐活动更多的是与家人一起,因而选择在离家较近的地域进行。就休闲活动而言,5 km以内和10 km以上为休闲活动的集中区域,1 km以内没有车和有一辆车的居民之间没有显著差异,10 km内有一辆车的居民休闲活动较为集中,而没有车的居民有40%左右是在10 km以外的地域进行休闲活动,进一步印证了休息日公共交通对于居民活动空间的影响。有两辆及以上车的居民休闲活动显著集中在距家10 km以上。购物活动在不同汽车拥有量居民之间也具有比较大的差异。没有车的居民呈现出家附近购物和10 km以上远距离购物两个集中趋势,分别占到30%以上。有一辆车的居民主要集中在1—5 km和5—10 km两个区间;而有两辆及以上车的居民主要在1—5 km和10 km以上。外出就餐活动一方面表现出社区内部比例的上升,另一方面10 km以

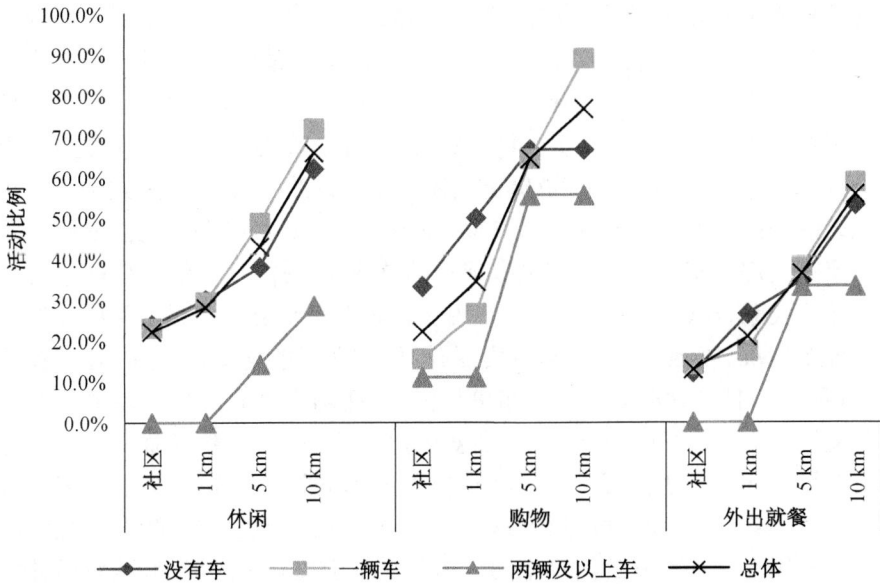

图 6-7 不同汽车所有权居民休息日活动距家距离分布

上的就餐活动相比工作日显著增加。

　　从以上分析可以看出,社区空间在居民日常生活中起到了基本生活圈的作用,但是其作用在工作日更加明显。工作日,社区承载了居民约40%的购物活动和30%的休闲活动,而在休息日只占到了这些活动的20%。随着汽车所有权的上升,居民的选择范围增加,社区的作用也发生了改变。同时不同汽车所有权的居民在距家不同圈层的活动分布也具有差异性,公共交通虽然在一定程度上增加了没有汽车的居民的移动性,但是也导致了他们两极化的活动分布特征,近家型和远距离型并存;有一辆车的居民体现了汽车带来的可达性与选择性增加的优越性,各类活动的空间分布较为平均化;有两辆及以上车的居民具有显著的远距离型特征,社区空间不再具有典型的日常生活圈属性。

6.3　汽车所有权与活动空间

6.3.1　活动空间特征

　　表6-4是汽车拥有量与活动空间的关系,表明相对于拥有汽车的居民,没有车的居民工作日活动空间最小,平均为17.16 km²。汽车拥有量的增加会扩大居民活动空间的范围,说明拥有汽车可以增加居民在工作日利用城市空间的能力。而在休息日,拥有一辆车的居民活动空间面积最小。这是由于公共交通依旧承担了北京市居民很大比例的日常出行。依靠便捷的公共交通,即使是没有车的居民也可以在周末进行长距离出行来满足自身休闲娱乐购物等需求。同时,没有车的居民有很大比例为年轻人,相比于30—49岁已婚有孩子的居民来说,他们更倾向于在周末到离家

远的地方进行休闲活动(刘志林等,2001)。

考虑家庭汽车分配状况,发现来自有一辆车家庭的居民中有1/3是汽车的非主要使用者。因此,对有一辆车的居民进行细分(表6-4),发现工作日汽车主要使用者的平均活动空间面积大于没有车的居民和非汽车主要使用者,说明拥有并使用汽车能够提高居民在工作日的移动性水平,这与已有研究结论一致(Schönfelder et al.,2003;Kwan et al.,2015)。可能的解释是在家庭内部汽车使用分配与家庭成员的就业地选择、日常活动分配之间具有相关关系,比较家庭汽车主要使用者和非主要使用者的职住距离和活动点分布情况,发现汽车主要使用者的职住距离平均比非主要使用者长1.1 km,而且日常活动空间分布更加分散,活动点之间的平均距离比非主要使用者大0.8 km。对于究竟是就业距离远、家庭任务多而成为汽车主要使用者还是由于使用了汽车而选择了更远的就业地和承担了更多的家庭任务,需要进一步研究进行分析。但是本章确实发现有一辆车家庭的非主要使用者在工作日的活动空间面积甚至小于没有车的居民,从侧面证实了在有一辆车的家庭中,存在着汽车分配和居民就业地选择和日常行为的替代机制,不使用车的居民更倾向于在家附近活动。

从工作日与休息日的比较来看(表6-4),除有一辆车家庭中的汽车主要使用者以外,其他三类居民休息日的平均活动空间面积都大于工作日,其中没有车的居民平均活动空间面积增加4.3 km²,有两辆及以上车的居民增加3.8 km²。说明郊区居民由于受到工作日的时空制约形成了一周活动节奏上的替代效应,导致周末的补偿性出行。而一辆车家庭中的汽车主要使用者的活动空间面积缩小可能与家庭联合出行有关。为了进一步分析活动空间面积拓展的原因,比较四类居民工作日与休息日的出行与家外活动情况(表6-5),相较工作日,休息日所有四类居民都表现出出行次数减少,没有车、有一辆车的非主要使用者和有两辆及以上车的居民都表现出整日出行距离增加的特征,说明这三类居民确实存在补偿性出行行为。但是,汽车拥有状况不同的居民之间也存在一些差异。没有车的居民表现出家外非工作活动次数减少但是出行距离增加,说明他们更倾向于通过增加出行距离来补偿工作日的出行能力制约。一辆车家庭中两类居民

表6-4 汽车所有权与日常活动空间大小

汽车 所有权	家庭汽车 分配	工作日平均活动 空间面积(km²)	休息日平均活动 空间面积(km²)
没有汽车	—	17.16	21.48
一辆汽车	总计	18.79	19.06
	主要使用者	21.30	19.25
	非主要使用者	13.64	18.58
两辆及以上汽车	—	22.69	26.46

表 6-5　汽车所有权与日常活动出行情况

汽车所有权	家庭汽车分配	出行次数		家外非工作活动次数		整日出行距离（km）	
		工作日	休息日	工作日	休息日	工作日	休息日
没有汽车	—	2.74	1.68	1.35	1.23	22.09	24.36
一辆汽车	主要使用者	2.90	1.98	1.45	1.33	27.53	25.11
	非主要使用者	2.97	1.56	0.99	1.21	17.51	22.13
两辆及以上汽车	—	2.76	2.31	0.72	1.09	28.23	38.39

的差异体现出家庭汽车分配主要用于工作日的出行,而休息日家庭内部联合行为导致两类居民活动差异缩小。而两辆及以上车的居民活动次数和出行距离都有所增加,说明由于移动性水平较高,他们可以在活动发生和活动距离两方面补偿工作日的制约。

图 6-8 显示了居民一周汽车使用情况与活动空间面积的日间差异,柱状图表示活动空间面积,折线图表示汽车使用比例。可以看到,对于一辆车家庭的汽车主要使用者和两辆及以上车的居民来讲,活动空间面积和使用汽车的居民比例正相关。有两辆及以上车的居民工作日汽车使用人数比例高,活动空间的日间差异最为明显,但是休息日使用汽车的比例高于工作日,说明这类居民在用车方面更有休息日用车的倾向。对于一辆车家庭的汽车主要使用者来说,工作日和休息日的汽车使用人数都在 75％ 左右,说明在工作日汽车是这类居民的主要的通勤工具,活动空间面积也较

图 6-8　活动空间面积的日间差异

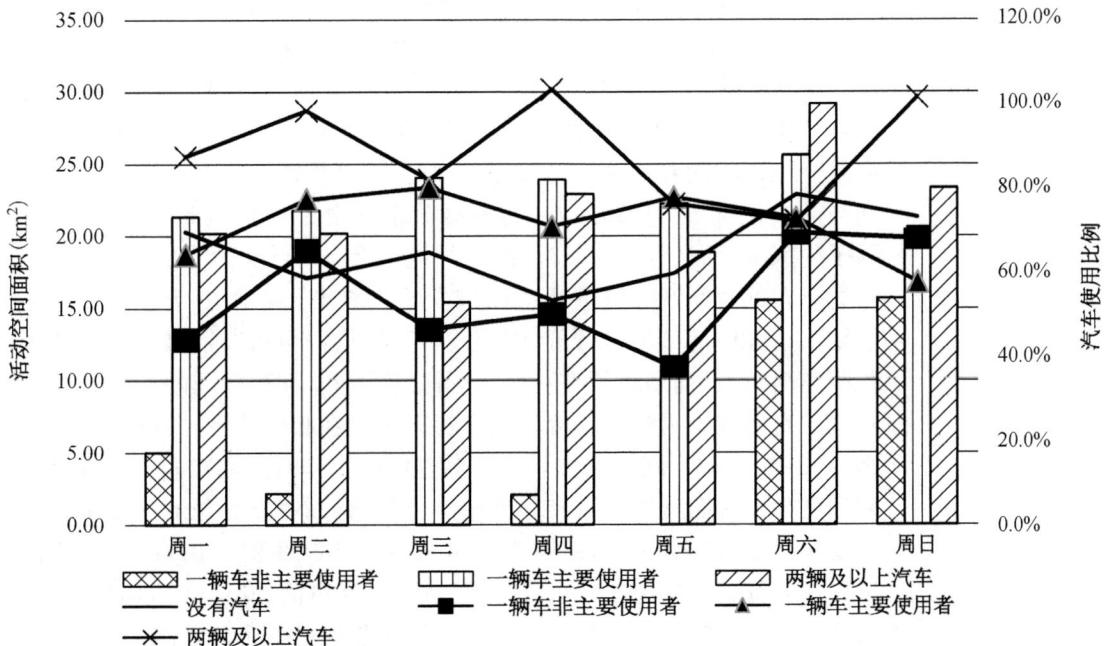

为稳定。对于一辆车家庭的汽车非主要使用者来说,工作日的汽车使用比例很低,但是休息日汽车使用比例升高,说明在休息日这类居民倾向于通过共乘等行为使用汽车出行,活动空间面积也相应增加。没有车的居民工作日活动空间小于拥有汽车的居民,且较为稳定,但是休息日活动空间面积增加。

6.3.2　汽车所有权对活动空间的影响

为了更好地分析汽车所有权对活动空间的影响,本章对居民工作日和休息日的活动空间平均面积分别构建了线性回归模型。为了防止非正态分布的影响,对活动空间面积进行了取对数处理,在控制居民社会经济属性和社区建成环境属性的同时,重点考察汽车拥有量特征的影响。居民社会经济属性包括性别、年龄、教育水平、个人收入、户口和职住距离。建成环境属性包括家附近的零售商业密度、家到城市中心的直线距离和家到最近地铁站的直线距离、道路网络密度。

汽车拥有量对居民活动空间有影响,但是影响的方式在工作日和休息日之间存在差异。表6-6模型1表明,控制其他因素,拥有一辆车并作为主要使用者的居民工作日活动空间比没有车的居民大,说明拥有汽车确实提高了居民在工作日的移动性水平和对城市空间的利用程度。但是一辆车家庭中的非主要使用者与没有车的居民没有显著差异,说明汽车在家庭中的分配影响了居民的出行行为。拥有两辆及以上车的居民与没有车的居民在工作日平均活动空间的差异也不显著,这可能是由于这两个群体的组间异质性导致的。

休息日,控制其他因素,拥有两辆及以上车的居民活动空间比没有车的居民大,但是没有车的居民有一辆车家庭的居民差异不显著(表6-6模型2)。两辆及以上车的居民往往也是高收入群体,一方面使用汽车出行受到的经济制约较少,另一方面可能更偏好于周末长距离出行到远郊活动。已有研究也证明随着移动性的增加,汽车使用者可能增加对更远地区活动的参与需求(王丰龙等,2014)。而一辆车家庭由于主要是30—49岁已婚有孩子的家庭,而且样本中33%的居民与老年人居住,为了照顾老人小孩,可能更多的时间在家附近活动而减少长距离出行。而由于公共交通负担了城市很大一部分的出行量,即使没有车的居民也可以依靠公共交通进行长距离出行,从而缩小了有一辆车居民与没有车居民之间的差异。

已有研究认为建成环境与汽车拥有量存在相关关系,共同影响出行行为(Van Acker et al. , 2010)。路网密度高,工作日活动空间小。但是低路网密度与中等路网密度没有显著差异,而高路网密度显著地减小了活动空间面积。已有研究表明,路网密度增加有利于减少汽车出行、增加非机动出行(Crane,2007)。但是本章发现路网密度对活动空间的影响并非完全的线性关系,路网密度较低的情况下增加路网密度活动空间差异不大,这

表 6-6　汽车拥有量对居民活动空间影响的线性回归模型

自变量		模型 1：工作日		模型 2：休息日	
		系数	显著性	系数	显著性
汽车拥有状况（参照：没有车）	一辆车非主要使用者	−0.108	0.335	0.129	0.570
	一辆车主要使用者	0.223	0.013	0.253	0.140
	两辆及以上汽车	0.118	0.494	0.710	0.028
女性（参照：男性）		−0.308	0.000	−0.163	0.263
年龄		−0.007	0.266	−0.026	0.020
北京户口（参照：非北京户口）		0.041	0.726	0.211	0.374
家庭规模		−0.016	0.760	−0.192	0.060
个人收入（参照：低收入）	中等收入	0.152	0.241	−0.116	0.648
	高收入	0.156	0.319	0.094	0.754
教育水平（参照：高中及以下）	大专、本科	0.119	0.377	−0.246	0.378
	研究生及以上	0.148	0.379	−0.572	0.082
职住距离（km）		0.059	0.000	—	—
居住地到市中心的距离（km）		0.061	0.199	0.115	0.213
居住地零售业可达性		0.011	0.153	0.031	0.023
居住地到最近的地铁站的距离（km）		−0.096	0.172	−0.33	0.016
居住地路网密度（km/km²）（参照：中等路网密度）	低路网密度	−0.005	0.968	−0.073	0.773
	高路网密度	−0.164	0.076	−0.009	0.957
截距		1.343	0.140	2.476	0.143
R^2		0.458		0.160	

可能与中低路网密度下居民使用汽车或者公共交通出行有关。休息日到最近的地铁站距离越近，活动空间越大。已有研究表明，如果家附近"坐公交车或地铁出行很方便"，人们的汽车使用需求会相应降低（王丰龙等，2014）。这进一步印证了上文的观点，即北京居民周末的日常活动与公共交通的关系依旧相关，便捷的公共交通增加了居民的出行行为。

　　在居民社会经济属性中，性别和职住距离对工作日活动空间有影响，而年龄、家庭结构和教育程度对休息日有显著影响。工作日女性比男性的活动空间小，这与已有研究结论相同（Fan et al.，2008）。这一结论说明相比于男性，女性对城市空间的利用更为集中，表现出近家特征。但是，这一结论可以有两方面的解释，一方面说明女性处于移动性的劣势，相比于男性活动范围更小，另一方面说明女性可能比男性能更好地融入郊区生活空间。对于这一结论的分析需要进一步了解日常活动空间分布的性别差异。

通勤距离与活动空间的关系在很多研究中都有印证,尤其是在工作日居民工作活动对日常活动施加了主要的时空制约的前提下,通勤距离长活动空间一般会比较大。

休息日活动空间面积随着教育水平的增加而减小,研究生及以上教育水平的人比高中及以下教育水平的人平均活动空间面积小。具有高教育水平的居民往往在工作日有比较长的工作时间,工作活动的压力也相对较大,因而周末他们会倾向于选择减少外出或者就近活动的方式进行休息。年龄大、家庭规模大的居民活动空间更小。这是由于一方面相比于单身或者夫妻二人的小家庭来说,大家庭居民周末活动空间更小。因为有孩子或者老人的家庭,家庭成员的家庭责任都相对更大,倾向于短距离出行(Feng et al.,2013),而年轻人更愿意长距离出行进行社交或者娱乐活动。另一方面,年龄大的居民很大一部分是经历了长期以来单位生活的单位居民,他们往往住在具有职住接近和土地混合利用性质的单位社区内,享受着单位空间带来的便利的日常生活,而围绕单位社区形成了相对完整的日常生活圈,因此活动空间相对较小。对于20—29岁的年轻人,他们倾向于周末进行更多的家外活动。

6.3.3　汽车使用情况与活动空间的关系

为了进一步研究汽车所有权、汽车使用和活动空间的关系,本章使用多层固定效用一般线性回归模型分析居民每天汽车使用情况对整日活动空间的影响。该模型以居民 j 在 i 天的活动空间面积 y_{ij} 作为因变量:

$$y_{ij} = \beta_{0j} + u_{0j} + e_{ij}$$

其中 u_{0j} 是个体层次上的残差,e_{ij} 是一日层次上的残差。居民 j 平均每天的活动空间面积是 $\beta_{0j} + u_{0j}$,个体层面的残差表示居民 j 平均活动空间与总体活动空间面积的差异,一日层次上的残差表示居民 j 第 i 天的活动空间面积与该居民平均活动空间面积的差异(Breslow et al.,1993)。

将样本按照家庭汽车拥有状况、是否是汽车主要使用者以及当日是否使用汽车出行分为五类,分别是没有汽车、主要使用者且使用汽车出行、主要使用者但未使用汽车出行、非主要使用者但使用汽车出行(例如共乘行为)、非主要使用者且未使用汽车出行。表6-7模型1为所有样本汽车使用情况对其整日活动空间的影响,模型2为汽车主要使用者(包括一辆车家庭和两辆及以上车家庭)当日汽车使用情况对其整日活动空间的影响。为了消除非正态分布的影响,同样对活动空间进行取对数处理。控制变量选择性别、年龄、教育水平、个人收入、户口和职住距离等社会经济属性变量以及零售商业密度、家到城市中心的直线距离和家到最近地铁站的直线距离、道路网络密度等建成环境变量。

结果表明,使用汽车出行确实增加了居民的活动范围。表6-7模型1

表 6-7　每日活动空间的多层一般线性回归模型

自变量		模型1:所有样本		模型2:汽车使用者	
		系数	显著性	系数	显著性
汽车使用状况（参照:没有汽车）	主要使用者并使用汽车出行	0.367	0.000	0.602	0.000
	主要使用者但未使用汽车出行	−0.220	0.019	—	—
	非主要使用者但使用汽车出行	0.479	0.005	—	—
	非主要使用者且未使用汽车出行	−0.101	0.281	—	—
星期（参照:星期二）	星期一	−0.001	0.987	−0.061	0.547
	星期三	0.032	0.659	0.052	0.618
	星期四	−0.061	0.413	−0.109	0.305
	星期五	0.006	0.933	0.016	0.882
	星期六	−0.013	0.881	−0.134	0.243
	星期日	−0.076	0.379	−0.059	0.621
女性(参照:男性)		−0.229	0.000	−0.220	0.010
年龄		−0.008	0.114	−0.006	0.339
北京户口(参照:非北京户口)		0.088	0.343	−0.231	0.138
家庭规模		−0.038	0.361	−0.106	0.053
个人收入(参照:低收入)	中等收入	0.061	0.566	−0.003	0.987
	高收入	0.064	0.609	−0.211	0.288
教育水平(参照:高中及以下)	大专、本科	0.120	0.281	0.343	0.034
	研究生及以上	0.069	0.614	0.330	0.074
职住距离(km)		0.057	0.000	0.059	0.000
居住地到市中心的距离(km)		0.066	0.091	−0.034	0.573
居住地零售业可达性		0.011	0.077	−0.017	0.113
居住地到最近的地铁站的距离(km)		−0.126	0.027	−0.098	0.197
居住地路网密度（km/km²）（参照:中等路网密度）	低路网密度	−0.159	0.118	−0.265	0.032
	高路网密度	−0.049	0.507	−0.034	0.735
截距		3.629	0.000	5.611	0.000
个人层次随机部分(方差)		0.132	—	0.095	—
一日层次随机部分(方差)		0.450	—	0.408	—
−2 Log likelihood		2 526.75	—	1 069.92	—

表明,全体样本中相比于没有车的居民,使用汽车出行居民的活动空间显著增加。对于汽车的非主要使用者来讲,使用汽车出行往往意味着进行远距离活动,导致活动空间显著增加。综合发现,当汽车主要使用者采用其他交通工具出行时,他们的活动空间会显著地减小,甚至小于没有车的居民。这说明开车的居民在一周的时间范围内会根据汽车使用情况分配日常活动,例如将非工作活动集中在使用汽车出行时进行,而不使用小汽车出行时倾向于减少出行活动或进行近距离出行。

从个人社会经济属性可以看出,所有样本模型中,女性的活动空间显著小于男性,说明女性呈现出了更加收缩的活动空间特征。建成环境因素中,家周边零售商业设施密度越高、到市中心距离越远、到最近的地铁站距离越近,活动空间越大。在汽车使用者模型中,从个人社会经济属性可以看出,女性的活动空间显著小于男性,家庭规模越大活动空间越小,教育水平高活动空间大。已有研究表明,女性通常处于移动性的劣势,比如更少的女性拥有驾照和在家庭汽车分配中占有优先权(Scheiner et al., 2012),汽车使用并没有显著增加女性的移动性水平。建成环境因素中,路网密度越低活动空间越小。

6.4 汽车所有权与汽车出行距离

郊区居民工作日平均汽车出行距离为 10.48 km,其中通勤为 5.09 km,通勤出行中汽车出行距离比例为 33%,非工作出行为比例为 39%。为分析汽车所有权对汽车出行的影响,本节对居民工作日的汽车出行距离构建了线性回归模型。模型在控制居民社会经济属性的同时,重点考察不同地理背景下汽车所有权特征的影响。汽车所有权特征用是否拥有汽车以及是否拥有驾照衡量。居民社会经济属性包括性别、年龄、教育水平、个人收入、家庭规模和户口。建成环境属性分别选择居住地、工作地和活动空间作为地理背景进行测量,分别计算地理背景内的公交站密度、零售商业设施密度、建设密度和停车场密度。公交站密度用以衡量公交便捷性,研究认为公共交通发展良好能够减少汽车出行,采用地理背景内部的公交站点数量除以地理背景的面积。零售商业设施密度用以衡量多样性特征,商业设施密度高能够减少居民的非工作出行。建设密度用以衡量密度特征,采用地理背景内部的设施数量进行计算。停车场密度用以衡量停车的便捷程度,采用地理背景内部的停车场数量进行计算。

6.4.1 整日汽车出行距离影响因素

表 6-8 分析了居民工作日整日汽车出行距离的影响因素。拥有汽车和驾照能够显著增加居民汽车出行距离,这与已有研究结论相符。而其他社会经济属性中,女性、年长者的汽车出行距离更短。建成环境中居住地

表 6-8　整日汽车出行距离的回归模型

自变量	模型 1：居住地属性		模型 2：居住地＋工作地		模型 3：居住地＋活动空间	
	系数	显著性	系数	显著性	系数	显著性
汽车所有权	6.09	0.009	6.79	0.004	5.67	0.013
驾照	10.92	0.000	9.89	0.000	9.24	0.000
女性（参照：男性）	−6.95	0.001	−6.88	0.001	−6.16	0.002
年龄	−0.29	0.034	−0.31	0.024	−0.30	0.024
北京户口（参照：非北京户口）	−3.03	0.283	−3.34	0.238	−2.93	0.292
个人收入	−1.03	0.261	−0.66	0.479	−0.57	0.533
教育水平	1.81	0.332	1.70	0.358	1.63	0.371
住房所有权	3.57	0.215	3.99	0.171	3.05	0.280
家庭规模	−1.75	0.168	−1.80	0.156	−1.38	0.269
居住地公交密度	0.10	0.363	0.13	0.245	0.12	0.275
居住地零售商业密度	−0.06	0.772	0.03	0.890	−0.08	0.695
居住地停车场密度	−0.04	0.866	−0.12	0.615	−0.16	0.547
居住地建设密度	0.02	0.490	0.02	0.494	0.03	0.305
工作地公交站密度	—	—	0.13	0.160	—	—
工作地零售商业密度	—	—	0.10	0.403	—	—
工作地停车场密度	—	—	−0.03	0.855	—	—
工作地建设密度	—	—	−0.03	0.007	—	—
活动空间公交站密度	—	—	—	—	−0.09	0.795
活动空间零售商业密度	—	—	—	—	0.44	0.405
活动空间停车场密度	—	—	—	—	0.31	0.640
活动空间建设密度	—	—	—	—	−0.11	0.002
截距	17.52	0.061	16.47	0.082	27.05	0.011
R^2	0.256 7	—	0.283 9	—	0.305 5	—

属性对于整日汽车出行没有显著影响。这与西方已有研究的结论不符（Van Acker et al.，2010），但是王丰龙等（2014）对北京的研究得到了与本书类似的结论，他们发现居住地周边建成环境对汽车出行时长没有显著影响。这可能是来自两方面的原因，第一，居民汽车出行不仅受到微观环境的影响，也受到居住区域大环境的影响；第二，居民整日出行中不仅要考虑居住地的建成环境，更要考虑一天的活动安排，居住地仅是居民日常活动空间的很小一部分（Kwan，2012），从模型 2 和模型 3 中可以看到工作地和

活动空间属性对居民整日汽车出行距离有显著影响。工作地和活动空间
的建设密度提高,居民汽车出行距离减少。首先,居民工作地的日常活动
受到工作活动的制约,因此在居民整日出行活动交通方式选择中需要考虑
工作地的建成环境因素,在高密度地区工作一方面方便近距离进行非工作
活动(Cervero, 2002),另一方面受到交通拥堵等因素的影响,居民也会减
少汽车出行。其次,活动空间内部密度提高,提供了更多的城市机会供居
民沿途进行活动,减少冗余出行,同时沿途密度高会增加交通拥堵的风险
而减少居民的汽车出行。

6.4.2 通勤汽车出行距离影响因素

对于通勤汽车出行来讲,汽车所有权对汽车出行距离的影响不显著,
但是拥有驾照能够显著增加汽车出行距离(表6-9)。社会经济属性中女
性的汽车通勤距离小于男性。居住地周边的零售商业密度提高,通勤汽车
出行减少。零售商业密度衡量了居住区的多样性特征,已有研究表明,居
住地周边零售商业可达性好,则工作出行汽车使用减少(Cervero et al.,
2006;Hong et al., 2014)。另外,这也许和中国城市郊区的特殊性有关,
居住地周边500米内的商业一般以楼房底商、便民市场或小商业街的形式
出现,一般在单位等老旧社区周边出现的比例比较高,而这些社区土地混
合利用、职住接近等特征导致汽车通勤较少。但是居住地周边的建设密度
提高,通勤汽车出行距离反而提高。与整日出行类似,工作地周边和活动
空间的建设密度高,汽车通勤出行距离减少。说明对于通勤行为来讲,提
高工作地和活动空间内的建设密度对于汽车使用的影响更大。

6.4.3 非工作汽车出行影响因素

拥有汽车和驾照能够显著增加非工作出行中汽车的使用(表6-10),
说明汽车拥有能够提高居民非工作出行的便利性,同时带来相应的高碳化
问题。建成环境对汽车出行也有显著影响。居住地周边的公交站密度高,
非工作汽车出行增加。这与已有研究不符(王丰龙等,2014)。可能的解释
是,从中国城市的空间发展看,路网建设与公共交通分布是相关的,公交分
布较好的地区路网建设往往也比较好,例如上地—清河地区公交站点分布
与路网密度呈显著正相关(相关系数0.444)。而公交出行受时间、拥挤等
影响严重,郊区居民的汽车出行受到偏好的影响比较大,在公交和汽车可
以同时选择时,长距离出行会偏向于选择汽车出行。但是由于本次调查没
有涉及偏好等因素,这一结果的深层次原因还有待进一步研究。工作地周
边建设密度提高,非工作汽车出行减少;而公交站密度提高,非工作汽车出
行增加。活动空间内公交站密度提高,非工作汽车出行增加;建设密度提
高,汽车出行减少。

表 6-9 通勤汽车出行距离的回归模型

自变量	模型 1：居住地属性		模型 2：居住地＋工作地		模型 3：居住地＋活动空间	
	系数	显著性	系数	显著性	系数	显著性
汽车所有权	2.24	0.132	2.46	0.105	2.13	0.149
驾照	5.07	0.000	4.67	0.002	4.46	0.002
女性(参照:男性)	−4.04	0.001	−3.83	0.003	−3.77	0.003
年龄	−0.09	0.298	−0.10	0.275	−0.10	0.241
北京户口(参照:非北京户口)	0.21	0.906	−0.05	0.980	0.11	0.950
个人收入	−0.55	0.348	−0.32	0.592	−0.42	0.473
教育水平	−0.12	0.926	−0.10	0.936	−0.06	0.962
住房所有权	2.25	0.220	2.10	0.264	1.92	0.292
家庭规模	−0.29	0.718	−0.18	0.820	−0.10	0.904
居住地公交密度	0.00	0.970	0.01	0.841	0.03	0.686
居住地零售商业密度	−0.26	0.042	−0.23	0.082	−0.30	0.026
居住地停车场密度	−0.02	0.876	−0.06	0.699	−0.05	0.769
居住地建设密度	0.04	0.012	0.04	0.011	0.05	0.006
工作地公交站密度	—	—	0.04	0.471	—	—
工作地零售商业密度	—	—	0.04	0.603	—	—
工作地停车场密度	—	—	0.00	0.983	—	—
工作地建设密度	—	—	−0.01	0.018	—	—
活动空间公交站密度	—	—	—	—	−0.21	0.327
活动空间零售商业密度	—	—	—	—	0.30	0.409
活动空间停车场密度	—	—	—	—	0.14	0.748
活动空间建设密度	—	—	—	—	−0.05	0.064
截距	6.08	0.309	5.63	0.359	12.11	0.074
R^2	0.195	—	0.216 2	—	0.228 5	—

6.5 小结

6.5.1 汽车使用对提高移动能力具有重要意义

机动化的快速发展促进了城市居民日常生活的转变,这一直以来都是城市地理、城市交通、城市规划关注的热点问题。本章结合汽车拥有量和

表 6-10　居民非工作活动的汽车出行距离的回归模型

自变量	模型 1：居住地属性		模型 2：居住地＋工作地		模型 3：居住地＋活动空间	
	系数	显著性	系数	显著性	系数	显著性
汽车所有权	4.66	0.036	4.92	0.030	4.21	0.054
驾照	4.31	0.040	3.63	0.092	4.06	0.049
女性(参照：男性)	−5.18	0.006	−5.66	0.003	−4.73	0.011
年龄	−0.14	0.252	−0.15	0.238	−0.10	0.430
北京户口(参照：非北京户口)	−6.72	0.012	−6.80	0.012	−6.55	0.013
个人收入	−1.44	0.116	−1.38	0.129	−1.49	0.098
教育水平	2.48	0.158	3.03	0.086	3.28	0.062
住房所有权	2.74	0.311	3.19	0.254	2.02	0.451
家庭规模	−0.78	0.508	−0.83	0.482	−0.84	0.467
居住地公交站密度	0.22	0.032	0.23	0.020	0.19	0.069
居住地零售商业密度	0.31	0.121	0.35	0.080	0.26	0.216
居住地停车场密度	−0.08	0.703	−0.17	0.443	−0.11	0.645
居住地建设密度	−0.04	0.127	−0.05	0.103	−0.04	0.122
工作地公交站密度	—	—	0.14	0.089	—	—
工作地零售商业密度	—	—	0.13	0.282	—	—
工作地停车场密度	—	—	0.08	0.600	—	—
工作地建设密度	—	—	−0.02	0.070	—	—
活动空间公交站密度	—	—	—	—	0.72	0.033
活动空间零售商业密度	—	—	—	—	0.71	0.189
活动空间停车场密度	—	—	—	—	−0.26	0.687
活动空间建设密度	—	—	—	—	−0.10	0.005
截距	15.50	0.086	12.35	0.181	11.15	0.253
R^2	0.280 6	—	0.324	—	0.329	—

汽车使用两个概念分析机动化对居民日常活动空间的影响,发现汽车所有权与汽车使用能够显著增加活动空间面积,但是在车辆拥有量之间存在差异。拥有一辆车的居民主要表现为工作日就业空间受到影响,有两辆及以上车的居民休息日的活动空间更加扩展。个体活动空间与家庭汽车分配有关,汽车主要使用者与非主要使用者活动方式差异大,休息日共乘行为影响活动空间。工作日与休息日之间存在补偿性出行行为,但是在不同汽车所有权家庭之间存在差异。

本章提出交通政策的发展更应当关注汽车使用引导、公交设施配置和家庭整体的汽车使用安排。首先,汽车使用对工作日的影响更大。工作日居民汽车使用比例高,拥有汽车增加了居民的就业可达性和通勤相关的移动性,同时也导致了相应的高峰期交通拥挤等城市问题,降低了城市交通运行的效率。而休息日汽车使用对居民日常活动的影响主要限于两辆及以上汽车的家庭,一辆车家庭汽车使用对活动空间的影响不显著。这说明目前中国绝大多数城市家庭把汽车作为了一种通勤工具。面对汽车城市的发展预期,改变城市居民使用汽车的方式是未来城市交通政策的发展方向,引导居民减少工作日用车和通勤用车。其次,研究也表明汽车的拥有和使用往往是以家庭为单元的。居民在汽车使用上多以家庭为单位——家庭内部汽车使用分配与家庭成员的就业地选择、日常活动分配之间具有相关关系,不使用汽车的居民倾向于在家附近活动。而家庭共乘行为也会影响居民工作日和休息日的活动空间布局。因此,交通政策制定应该考虑以家庭为单位的出行模式。

6.5.2 探索城市空间结构对汽车使用方式的影响

未来随着中国城市汽车拥有量的进一步上升,汽车使用必将成为改变中国城市居民生活方式的重要因素,同时带来的交通拥堵等问题也将进一步引起学术界和政府的关注。本章分析了城市建成环境对居民汽车出行距离的影响,发现工作地和活动空间中的建成环境对居民汽车使用起到了重要的作用。因此,在交通政策的发展中,不应仅考虑社区空间的功能混合,还应考虑就业中心和主要交通廊道的土地利用与交通的关系。同时,本章发现,由于公共交通的重要性,通过提高地铁的可达性水平等方式能够减少居民对汽车的依赖,因此,完善公共交通应该成为大城市控制汽车使用的重点。

从发达国家的经验来看,不同国家居民的汽车使用方式具有较大差异。汽车在美国居民的日常生活中占据极其重要的地位,汽车出行和郊区蔓延导致了美国城市的长距离通勤、高碳出行等问题(Giuliano et al.,2003;Handy et al.,2005;Kwan et al.,2014)。大量学者关注多中心的发展模式是否有利于减少汽车出行。如芝加哥大都市区建设了多个专业功能中心,而居民的自由迁居相对容易,可以搬到就业中心附近的近郊进行居住,同时采用了快速路和密集的支路网等交通路网建设模式,将主要的郊区与中心城区连接,减少不必要的绕行和出口,减少交通冲突点,减缓交通拥堵问题(Hudson,2006)。美国的汽车社会发展已有几十年的历史,在不断发展中,汽车已经成为美国城市必不可少的交通工具,但是近些年学者也开始提出新城市主义、精明增长等规划理念来控制汽车使用,也为中国的汽车城市发展提供了先见(Calthorpe,1993;Handy et al.,2005;Næss,2011)。

而相比之下,日本的大城市发展以限制汽车使用为主。日本大都市区发展以轨道交通作为主要的通勤交通工具,以 JR 线、地铁和私营铁路组成了发达的铁路网络,形成了轨道交通为主、道路交通为辅的城市综合客运交通系统。轨道交通承担了主要的客运任务,例如 2005 年东京大都市区的轨道交通出行比例达到 72.15%(李振宇等,2009)。而汽车产业虽然在日本发展已久,并且在 1960 年代日本就达到了较高的人均汽车保有量。2007—2008 年,在东京的一次调查中 78% 的家庭拥有至少一辆汽车,但是政府却通过征收汽车消费税、控制停车位供给等方式限制居民使用汽车。在日常通勤中,以东京都市区为例,轨道交通占据了 76% 以上的客运量,早晚高峰使用轨道交通进入市中心的客流办理超过 90%(袁家冬等,2005;周庆灏,2013)。也就是说对于日本大城市来说,汽车拥有量很高,但是居民并不将汽车作为主要的通勤方式,而是作为休闲出行的交通工具。

　　美国的发展模式代表了城市郊区蔓延发展下的汽车主导模型,而日本则代表了有限空间扩张下的公共交通主导模型。对于中国大城市而言,面对城市交通问题,如何吸取不同国家的经验教训,在充分考虑城市结构、建成环境和家庭生活方式的基础上,制定合理的交通政策,是引导汽车使用的应由之路。

本章参考文献

柴彦威,肖作鹏,刘志林. 2012. 居民家庭日常出行碳排放的发生机制与调控策略——以北京市为例[J]. 地理研究,31(2):334-344.

黄晓燕,曹小曙,李涛. 2012. 中国城市私人汽车发展的时空特征及影响因素[J]. 地理学报,67(6):745-757.

李振宇,高平. 2009. 日本城市交通发展的经验与启示[J]. 建设科技(17):42-43.

刘志林,柴彦威. 2001. 深圳市民周末休闲活动的空间结构[J]. 经济地理,21(4):504-508.

王丰龙,王冬根. 2014. 北京市居民汽车使用的特征及其影响因素[J]. 地理学报,69(6):53-63.

袁家冬,李少星. 2005. 日本三大都市圈快速轻轨交通网的形成与发展[J]. 世界地理研究,14(3):1-6.

周庆灏. 2013. 日本东京都交通圈轨道交通系统[J]. 城市轨道交通研究,16(4):132-134.

Bagley M, Mokhtarian P. 2002. The impact of residential neighborhood type on travel behavior: a structural equations modeling approach[J]. Annals of Regional Science, 36(2):279-297.

Breslow N, Clayton D. 1993. Approximate inference in generalized linear mixed models[J]. Journal of the American Statistical Association, 88(421):9-25.

Calthorpe P. 1993. The next American metropolis: ecology, community, and the american dream[M]. New York: Princeton Architectural Press.

Cervero R. 1995. Planned communities, self-containment and commuting: a cross-national perspective[J]. Urban Studies, 32(7):1135-1161.

Cervero R. 2002. Built environments and mode choice: toward a normative framework [J]. Transportation Research Part D, 7(4):265-284.

Cervero R, Duncan M. 2006. Which reduces vehicle travel more: jobs-housing balance or retail-housing mixing? [J]. Journal of the American Planning Association, 72 (4):475-490.

Crane R. 2007. Is there a quiet revolution in women's travel? Revisiting the gender gap in commuting[J]. Journal of the American Planning Association, 73(3):298-316.

Ewing R, Pendall R, Chen D. 2003. Measuring sprawl and its transportation impacts [J]. Journal of the Transportation Research Board(1831):175-183.

Fan Y, Khattak A. 2008. Urban form, individual spatial footprints, and travel examination of space-use behavior[J]. Journal of the Transportation Research Board (2082):98-106.

Feng J, Dijst M, Wissink B, et al. 2013. The impacts of household structure on the travel behaviour of seniors and young parents in China[J]. Journal of Transport Geography, 30:117-126.

Giuliano G, Narayan D. 2003. Another look at travel patterns and urban form: the US and Great Britain[J]. Urban Studies, 40(11):2295-2312.

Handy S, Cao X, Mokhtarian P. 2005. Correlation or causality between the built environment and travel behavior? Evidence from Northern California [J]. Transportation Research Part D, 10(6):427-444.

Hong J, Shen Q, Zhang L. 2014. How do built-environment factors affect travel behavior? A spatial analysis at different geographic scales[J]. Transportation, 41 (3):419-440.

Hudson J. 2006. Chicago: a geography of the city and its region[M]. Chicago: University of Chicago Press.

Jones M, Pebley A. 2014. Redefining neighborhoods using common destinations: social characteristics of activity spaces and home census tracts compared[J]. Demography, 51(3):727-752.

Kwan M P. 2012. The uncertain geographic context problem[J]. Annals of the Association of American Geographers, 102(5):958-968.

Kwan M P, Chai Y, Tana. 2014. Reflections on the similarities and differences between Chinese and US cities[J]. Asian Geographer, 31(2):167-174.

Kwan M P, Kotsev A. 2015. Gender differences in commute time and accessibility in Sofia, Bulgaria: a study using 3D geovisualisation[J]. The Geographical Journal, 181(1):83-96.

Manaugh K, Miranda-Moreno L, El-Geneidy A. 2010. The effect of neighbourhood characteristics, accessibility, home-work location, and demographics on commuting distances[J]. Transportation, 37(4):627-646.

Næss P. 2011. 'New urbanism' or metropolitan-level centralization? A comparison of the influences of metropolitan-level and neighborhood-level urban form characteristics on travel behavior[J]. Journal of Transport and Land Use, 4(1): 25-44.

Scheiner J, Holz-Rau C. 2012. Gendered travel mode choice: a focus on car deficient households[J]. Journal of Transport Geography, 24(4):250-261.

Schönfelder S, Axhausen K. 2003. Activity spaces: measures of social exclusion? [J]. Transport Policy, 10(4):273-286.

Shen Q. 1997. Urban transportation in Shanghai, China: problems and planning implications[J]. International Journal of Urban and Regional Research, 21(4): 589-606.

Tracy A, Su P, Sadek A, et al. 2011. Assessing the impact of the built environment on travel behavior: a case study of Buffalo, New York[J]. Transportation, 38 (4):663-678.

Van Acker V, Witlox F. 2010. Car ownership as a mediating variable in car travel behaviour research using a structural equation modelling approach to identify its dual relationship[J]. Journal of Transport Geography, 18(1):65-74.

Zenk S, Schulz A, Matthews S, et al. 2011. Activity space environment and dietary and physical activity behaviors: a pilot study[J]. Health and Place, 17(5): 1150-1161.

Zhao P, Lu B. 2011. Managing urban growth to reduce motorised travel in Beijing: one method of creating a low-carbon city[J]. Journal of Environmental Planning and Management, 54(7):959-977.

7 基于职住空间的郊区居民生活方式研究

城市空间既提供了居民日常生活必需的设施条件,也通过城市结构、路网条件、设施配置等方式对居民日常行为带来了制约。特别是在郊区化的过程中,居住地与就业地的空间分离直接影响了居民最重要的日常出行——通勤行为,同时也间接影响了相关的日程安排和空间选择,进而带来了居民日常生活方式的改变。本章将分析郊区职住分离现象对居民工作日通勤相关的活动移动行为的影响,以理解郊区居民生活方式的空间机制。

7.1 职住空间与生活方式的关系

7.1.1 郊区化与职住分离

伴随着单位制度的解体、郊区化的快速发展、城市空间扩张等过程,计划经济时期以单位为基本地域单元的、"职住接近"的城市空间布局被逐渐打破。表 7-1 总结了不同研究中发现的城市居民通勤时间和距离特征。可以看出,近十几年来,我国大城市居民的通勤距离和时间显著增加,职住分离(顾翠红等,2008;刘志林等,2009;刘望保等,2014)、职住"空间错位"(宋金平等,2007;孟繁瑜等,2007;孙斌栋等,2010)等现象业已出现,平均通勤时间超过 40 分钟,平均通勤距离超过 8 km,并导致交通问题的产生。

而相比城市整体,郊区地域的职住分离情况更加严重(表 7-2)。在北京、上海、济南进行的研究中,学者发现郊区大型社区的平均通勤时间约 45 分钟,特别是以政策性住房为主的巨型社区职住分离更加严重。对此,柴彦威和张艳(2010)从构建低碳城市的角度出发,将市场经济下基于地租原理的分区制和计划经济下基于职住接近的单位制两种空间组织模式进行对比,对我国城市郊区化模式以及郊区空间组织方式进行了反思。

表7-1 城市居民通勤特征研究

作者,年份	城市	年份	样本	通勤时间（min）	通勤距离计算	通勤距离（km）
李峥嵘等,2000	大连	1998	314	36.08	感知距离	9.15
薛领等,2007	北京	—	2 211	—	居住与就业街道几何中心	17.96
Zhao et al.,2011	北京	2011	712	33.3		—
刘志林等,2009	北京	2007	807	35	居住地到就业地直线距离	6.4
龙瀛等,2012	北京	2008	8 549 072	36	站点间欧氏距离	8.2
孟斌等,2011	北京	2005/2010	—	38/43.55		—
刘定惠等,2012	成都	2012	1 635	31.6	居住地与就业地的直线距离	4.39
周素红等,2005	广州	2001	2 060	26		4.423
刘望保等,2014	广州	2001	1 500	26.1		
	广州	2005	1 500	27		
	广州	2010	1 550	17.5		
韦亚平等,2012	杭州	2009	1 339	30.9/33.1（下班）		6.9
孟庆艳等,2006	上海	2005	874	34.73	区域中心点直线距离	5.71
钟喆等,2012	上海		143	45.56		10.91
周江评等,2013	西安	2011	59 967	36	交通小区质心之间的直线通勤距离	5.1

表7-2 郊区居民通勤特征研究

作者,年份	城市	年份	空间类型	通勤时间（min）	通勤距离（km）
刘志林等,2009	北京	2007	郊区商品房	40.4	7.2
			郊区政策住房	44.2	10.1
龙瀛等,2012	北京	2008	郊区大型社区	45.1	10
			郊区大型社区	39.4	7
			郊区大型社区	36.2	6.1
申悦等,2012	北京	2010	郊区大型社区	62.1	14.94
			郊区产业新城		16.08

作者,年份	城市	年份	空间类型	通勤时间 (min)	通勤距离 (km)
孟斌等,2012	北京	2005/ 2010	郊区大型社区	52.1/45.7	—
			郊区大型社区	36.4/41.2	—
王宏等,2013	济南	—	郊区大型社区	30	8.7
			郊区大型社区	31	12.6
			郊区大型社区	34	11
干迪,2013	上海	2011	郊区大型社区	41	11
陈赵炅等,2014	上海	—	郊区大型社区	58.2	—

7.1.2 职住空间、建成环境与行为差异

建成环境对出行行为的影响是交通和城市规划研究的热点。一般来说,建成环境因素可以被总结为密度、混合度和设计三个方面(Cervero et al.,1997,2006;Ewing et al.,2003,2010)。研究发现居住在郊区的居民需要更多的出行,特别是汽车出行,来完成各项活动以满足其个人与家庭需求(Schönfelder et al.,2003;Buliung et al.,2006;周素红等,2006;张艳等,2009)。

已有研究主要集中于居住空间周边建成环境对出行行为的影响。有学者关注社区建成环境对汽车出行行为的影响,提出郊区的低密度建设和单一土地利用的发展模式导致了更高的汽车拥有率和更长的汽车出行距离,居住地附近的人口密度、就业密度、零售业密度、职住平衡指数、公交通达性、居住区位与城市中心的距离、住房类型等都对汽车出行行为有重要影响(Ewing et al.,2003;Handy et al.,2005;Cervero et al.,2006;王丰龙等,2014)。从出行目的来看,研究发现人口密度高、到城市中心的距离近的郊区居民,通勤和购物中的汽车使用少(Boarnet et al.,2001;Lovejoy et al.,2013)。但是另一些学者则认为方格路网、混合土地利用等因素对汽车出行、汽车行驶里程和交通方式选择的影响并不总是一致的(Crane,2000)。

随着行为研究对于日常行为的认知加深,学者提出工作空间可能对出行行为,特别是通勤行为,具有重要的影响,提出出行行为具有目的地效应。例如通过比较工作地和居住地的建成环境差异,学者发现工作地的密度和土地利用混合度对交通方式选择的影响大于居住地。研究表明,在工作地附近提高商业设施密度可以减少白天的出行和整日尺度的汽车使用(Cervero,2002);出行起点和出行终点的建成环境都对交通方式选择有影响(Frank et al.,1995);家庭成员工作地的区位特征对其是否使用汽车通

勤具有重要影响(Maat et al.，2009)；居住地和工作地的人口密度、就业密度、到市中心的距离等因素对通勤交通方式选择都有重要的影响(Ding et al.，2014)。

7.1.3 职住空间对生活方式的影响

城市住房和居住是日常生活的基础条件，是根据家庭结构和收入做出重要决策的结果。而就业对于保障个体生存、提高社会参与、提升社会地位具有重要的作用。根据锚点理论，在哪里居住、在哪里工作，对居民日常生活也具有重要的影响。因此，本章着重分析职住空间对生活方式的制约(图7-1)。

城市功能与土地利用状况决定了不同空间区位的城市设施配置，交通路网限制了不同空间区位的通达性，就业中心的分布决定了城市职住分布格局与通勤总体方向，这些因素合起来成为了居民在城市中生活必须要面临的地理背景要素。具体来讲，居住区域和就业中心的职住关系影响居民的通勤时间与通勤距离，居民能够达到的城市机会限制了他们进行非工作活动的地点选择，而交通路网导致的路径选择行为影响了居民的出行安排。这三个因素对于个体使用何种交通方式、选择何种路线进行通勤以及非工作活动安排等都起到了重要的制约作用。

7.2 职住空间的双锚点模型

对于郊区居民来讲，就业郊区化与居住郊区化的不同步性导致了家和工作地的分离，形成了哑铃型的生活空间。总体来说，上地—清河地区居民的平均职住距离为9.57 km。从图7-2中可以看出，上地—清河地区居民的职住关系具有以下几种形态：一是本地就业居民占到33.77%，职住距离均值为2.63 km；二是中心城区就业居民占到34.09%，职住距离均值为13.40 km；三是临近郊区地域就业居民占到23.05%，职住距离均值为8.27 km；四是其他郊区地域就业居民占到9.09%，职住距离均值为24.25 km。

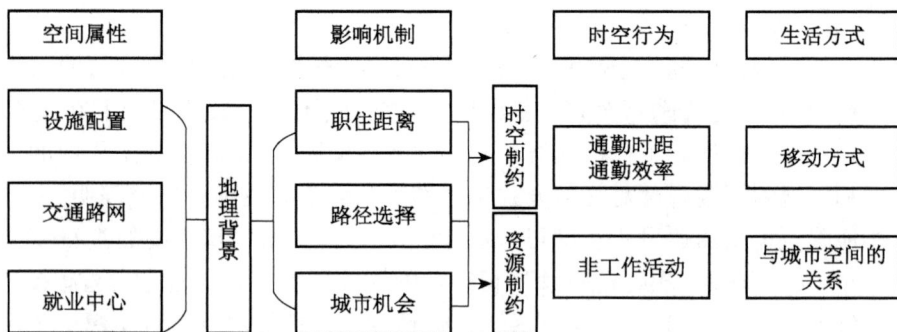

图7-1 职住空间对生活方式的制约

比较家和工作地周边 1 km 范围内的建成
环境状况,可以发现郊区居民家和工作地周边
的建成环境具有较大的差异(表7-3)。将居民
根据上述就业地分为本地就业、四环内就业、临
近郊区地域就业和其他郊区地域就业四种类
型。相比于其他类型,到其他郊区地域就业的
居民往往靠近地铁居住,但是其工作地的状况
则相反,由于工作地处于郊区(甚至远郊),工作
地到地铁站的距离远大于中心城区就业的居
民。从设施类型上看,由于上地—清河的大环
境相同,不同居民家周边在社区餐饮设施、服务
设施、休闲设施和零售商业设施上的密度差异

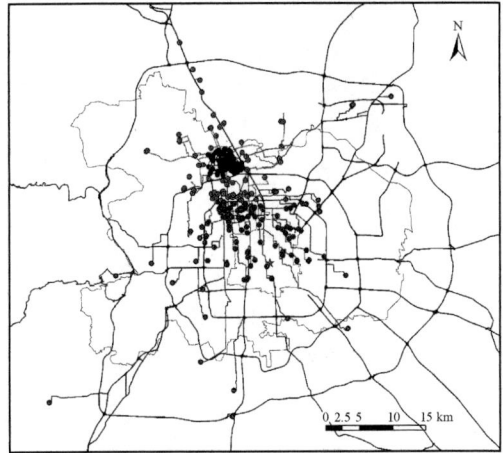

图7-2 郊区居民
就业空间分布

不大,但是在工作地周边建成环境上,不同居民之间具有较大差异,中心城
区就业居民的工作地周边设施数量明显高于其他三类,临近郊区地域就业
居民工作地周边设施密度最低,说明上地—清河附近的区域设施配套情况
较差。从路网密度上看,居民家周边的路网状况也较为相似,但是工作地
周边存在较大差异。中心城区就业居民工作地周边路网密度更高,尤其是
低级路网的密度更高;而郊区就业居民工作地周边路网密度低,尤其是其
他郊区地域就业居民低级路网密度显著低于其他类型居民。

职住分离的加剧强化了工作地在居民日常生活中的意义。从图 7-3
可以看出,郊区居民的工作活动分布与家外非工作活动之间具有空间相关
性。工作活动主要的集中点在上地地区、清河地区和中关村地区,同时在
东北旺、奥体中心、望京和双井也形成小的高峰。总体来讲,上地—清河居
民的就业集中在城市的西北方向,从居住地向外扩展。而家外非工作活动

表 7-3　居住地周边与工作地周边建成环境差异比较

		到最近地铁站的距离(km)	餐饮设施数量	服务设施数量	休闲设施数量	零售商业设施数量	低级道路长度(km)	快速路长度(km)	路网长度(km)
家周边建成环境	上地—清河工作	2.17	48.96	26.66	15.20	24.08	16.85	2.32	37.31
	四环内工作	1.95	55.49	28.61	15.76	23.68	17.84	1.71	38.62
	临近郊区地域工作	1.91	51.34	26.88	15.64	21.03	17.74	1.72	37.62
	其他郊区地域工作	1.79	61.13	32.13	17.87	26.57	17.66	1.71	38.10
工作地周边建成环境	上地—清河工作	1.96	55.39	27.97	15.88	21.26	17.70	1.66	38.17
	四环内工作	1.10	135.27	81.63	28.94	36.33	21.74	1.30	52.41
	临近郊区地域工作	2.63	46.50	26.20	12.00	15.58	17.75	2.47	36.70
	其他郊区地域工作	2.76	48.53	26.90	14.73	17.47	14.61	3.84	37.49

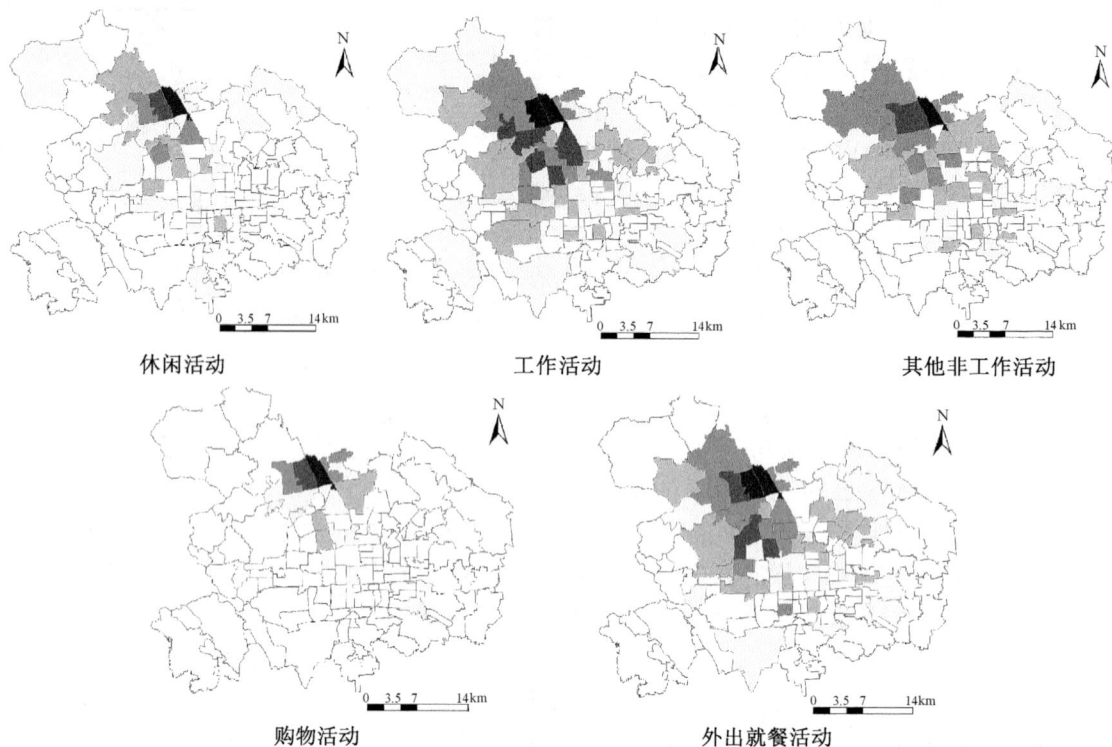

休闲活动 工作活动 其他非工作活动

购物活动 外出就餐活动

图 7-3 郊区居民
工作日活动地点
分布(颜色越深代表
活动更集中)

也呈现出相似的趋势。购物活动主要集中在清河、上地及其周边,在工作
地附近的中关村也有少量热点。休闲活动主要集中在清河、上地及其周边
地带,但是在工作地的分布明显增加,中关村周边也形成一个热点。外出
就餐活动的工作地集聚趋势最为明显,除了上地—清河的热点之外,东北
旺、中关村、望京、双井形成小高峰;而其他家外非工作活动也表现出外出
就餐活动类似的特征。

进一步分析工作日居民家外非工作活动的起点和家外非工作活动的后
续活动(表 7-4)。工作日郊区居民的家外非工作活动中工作地作为出行起
点起到了十分重要的作用,分别有 46% 和 59% 的休闲和外出就餐是以工作
地作为起点的,远超出家和其他地点的比例,购物活动以家和工作地作为出
行起点的比例相差不大。说明对于非工作活动来说,工作地是一个重要的锚
点,可以推论工作地周边的建成环境状况会影响居民对于这些活动的地点和
交通方式的选择。相比于作为出行起点,工作地作为终点的重要性有所降低,
大部分居民在家外非工作活动之后会选择回家,也就说明居民的家外非工
作活动大多发生在工作之后、回家之前或者是以家为起终点的巡回之中。

因此,对于郊区居民来说,居住空间与就业空间分离,可能通过侧向通
勤、向心通勤、外向通勤等方式到其他郊区地域或者城市中心进行就业,导
致郊区居民的日常生活具有双锚点特征。特别是对于非本地就业居民来
说,工作地不仅展示了与家周边完全不同的建成环境特征,而且与家外非
工作活动具有较强的空间关联。个体生活空间围绕着居住空间和就业空

表 7-4　非工作活动前序与后继活动起点

活动类型	前一个活动地点（出行起点）		后一个活动地点（出行终点）	
	家	工作地	家	工作地
购物	33%	38%	62%	15%
休闲	37%	46%	62%	13%
外出就餐	22%	59%	49%	39%
其他	44%	32%	45%	27%

间展开,休闲、购物等家外非工作活动空间向外扩展,构成郊区居民复合的生活空间特征。

7.3　郊区居民的通勤特征

一般来说,早通勤的研究比较普遍,并经常将晚通勤作为早通勤的逆向过程。但是越来越多的学者指出,晚通勤相对于早通勤具有一些独特的特征需要考虑(Palma et al.,2002)。晚通勤一般来说持续时间更长,影响范围更广,可能包含更多的非工作活动和驻停行为(Bhat et al.,2000;Bhat,2001)。西方研究认为,这些因素导致了晚通勤比早通勤有更多的汽车使用和更长的出行距离,但是路网中的交通流量更加分散(Palma et al.,2002),晚通勤的交通拥堵现象更加明显。学者开始从整日尺度探讨早通勤和晚通勤的差异以及相关性,特别是在早通勤和晚通勤的时间、路径选择方面进行了一些探索(Zhang et al.,2008;Gonzales et al.,2013)。而在中国,由于数据限制等原因,对于通勤的研究一般仅限于一天平均的通勤距离,或者以早通勤(以家为起点的通勤)代表全天的通勤特征进行研究。本章将从早通勤和晚通勤比较的视角,理解职住关系对于郊区居民通勤模式的影响。

表 7-5 比较了不同就业地居民的通勤特征。平均通勤距离为11.17 km 和 11.01 km,早通勤和晚通勤的距离差异不大。其他郊区地域就业居民的通勤距离最长,均值为 26.51 km 和 26.53 km,但是个体间的差异也比较大;中心城区就业其次,平均通勤距离为 13.25 km 和12.35 km,其中早通勤距离大于晚通勤;临近郊区地域就业居民平均通勤距离为 9.02 km 和 8.95 km;本地就业居民为 4.12 km 和 4.82 km,晚通勤大于早通勤。居民平均通勤时间为 52.29 min 和 59.55 min,早通勤时间短于晚通勤时间,说明晚上交通路网的通行状况等更差。与距离相似,其他郊区地域就业居民的通勤时间最长;中心城区就业居民的通勤时间为63.23 min 和 72.66 min,比较通勤距离和通勤时间的差异,可以发现相比其他郊区地域就业居民,中心城区就业居民的通勤速度更低,可能与中心城区交通拥堵等因素有关;临近郊区地域就业居民的通勤时间均值为

表 7-5　职住空间与通勤距离、通勤时间的差异

	早通勤距离		晚通勤距离		早通勤时间		晚通勤时间	
	均值(km)	平方差	均值(km)	平方差	均值(min)	平方差	均值(min)	平方差
本地就业	4.12	7.826	4.82	8.986	29.77	25.482	35.72	31.483
中心城区就业	13.25	6.624	12.35	8.371	63.23	23.989	72.66	39.712
临近郊区地域就业	9.02	8.665	8.95	6.621	50.15	27.276	53.97	30.031
其他郊区地域就业	26.51	16.797	26.53	18.011	76.95	26.573	87.12	38.223
加权平均数	11.17	11.159	11.01	11.576	52.29	30.077	59.55	39.496
卡方检验 F 值	130.824		103.007		99.722		63.912	

50.15 min 和 53.97 min；本地就业居民的通勤时间为 29.77 min 和 35.72 min，发现本地就业居民的通勤时间并没有大幅度减少，这可能与他们选择步行或自行车出行且绕行过多等有关。

居民通勤过程中发生非工作活动形成复杂出行链被认为是提高出行效率的方式之一。郊区居民中大约有 6.1% 的早通勤和 16.5% 的晚通勤中串有非工作活动，说明郊区居民进行复杂通勤链的比例比较低，而且居民倾向于在晚通勤中进行非工作活动(表 7-6)。比较不同就业地的居民，本地就业和临近郊区地域就业居民早通勤中进行非工作活动的比例较高，而其他郊区地域就业居民最低，这可能与通勤距离长和使用单位班车等定点交通方式有关。在晚通勤中，其他郊区地域就业居民非工作活动比例依旧不超过 10%，而其他三个区域较为相似。

郊区居民的通勤交通方式选择较为多样，小汽车通勤占 35% 左右，公交车约占 24%，地铁约占 15%，自行车约占 15%，而步行仅约占 5%，总体上早晚通勤交通方式差异不大(图 7-4)。比较不同就业地的居民，本地就业居民通勤中选择绿色出行方式的比例显著高于其他居民，自行车占 40% 左右、步行占 15% 左右，但是小汽车依旧占 30% 左右；中心城区就业居民通勤使用公共交通的比例高于其他居民，特别是使用地铁的比例更

表 7-6　职住空间与通勤中非工作行为的差异

	早通勤非工作活动比例	晚通勤非工作活动比例
本地就业	8.4%	17.3%
中心城区就业	4.5%	18.5%
临近郊区地域就业	7.7%	16.7%
其他郊区地域就业	2.4%	7.2%
加权平均数	6.1%	16.5%

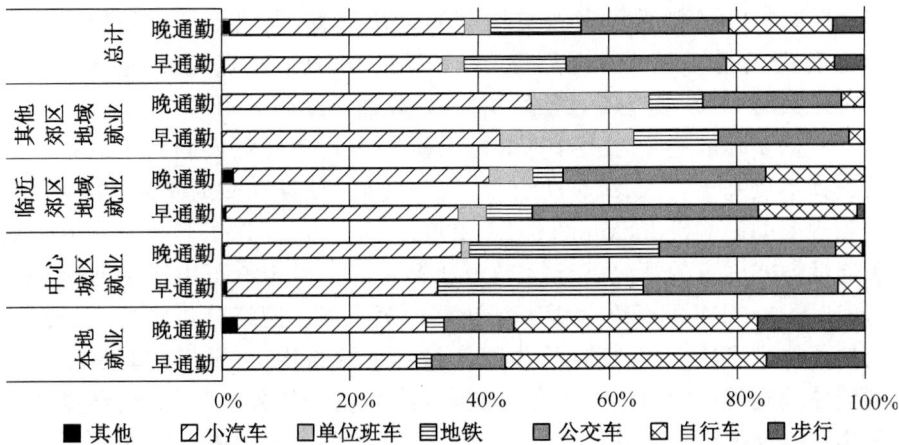

图 7-4 职住空间与通勤交通方式差异

图例：■ 其他　◫ 小汽车　▨ 单位班车　▤ 地铁　▦ 公交车　⊠ 自行车　▨ 步行

高,地铁和公交分别占30%左右;临近郊区地域就业居民使用公交车比例较高,使用地铁的居民早通勤多于晚通勤;其他郊区地域就业居民使用小汽车的比例高于其他居民,占到45%左右,单位班车的比例也高于其他居民,占到20%左右,说明郊区地域的企业往往通过单位班车的方式缓解职工的通勤困难,另外这类居民早通勤使用地铁的比例高于晚通勤。

7.4　职住空间对通勤效率的影响

7.4.1　衡量指标

通勤效率是理解城市空间对居民日常工作出行影响的重要指标,已有的通勤效率研究一般使用过度通勤的概念,即一个地区的实际通勤距离超过理论上最小通勤距离的比值(Giuliano et al.,1993)。但是该计算方法容易受到地域单元的影响,而且过度通勤强调了汇总层面的分析,忽视了个体层面的通勤问题。参考已有文献对于个体层面出行效率的研究(Witlox,2007;Papinski et al.,2013),本章提出使用通勤路径效率来分析个体的通勤效率,以理解职住空间对居民通勤行为的影响。

通勤路径效率用来衡量居民通勤的路径选择,是指居民实际通勤路径与理论上最短通勤路径之间的关系,使用路径方向指数(Route Directness Index)进行度量。路径方向指数为居民实际通勤距离减去最短通勤距离的差值除以最短通勤距离(Papinski et al.,2013)。

$$RDI = \frac{ACR - SCR}{SCR} \times 100\%$$

其中 ACR 为居民实际通勤距离,SCR 为居民最短通勤距离,RDI 值越大说明绕行越多、效率越低。基于 GPS 数据使用 ArcGIS 计算实际通勤路径距离。GPS 提供了高时空精度的定位信息,根据出行时间信息找出所有通勤出行 GPS 点,之后在 ArcGIS10.2 中采用点集转线(point-to-line)工具将 GPS 点连成通勤路线,并计算通勤距离 *ACR*。

根据实际的通勤方式计算最短通勤距离。考虑到人们对于通勤方式的选择不仅基于收入、汽车所有权、工作时间、预算和交通费用,更受到习惯和规范的影响(Klöckner et al.,2004;Ye et al.,2007),本章在假定居民通勤方式固定的情况下计算最短通勤距离。对于汽车出行和非机动出行,利用 ArcGIS 的网络分析工具计算最短距离。网络分析中的道路网络包括了北京市所有的道路,从高速公路到尽端路均有,可以计算从工作地到居住地全程的距离。对于公共交通,例如地铁和公交车,最短通勤距离采用百度地图进行计算。具体计算方式是在百度地图中计算居民居住社区中心点与工作地之间最有效率的公交路线,路线包括所有的换乘。在计算时通过设定出发时间考虑了高峰期和车辆运营时间的影响。这一方法最大的优势在于能够根据城市交通线路的现状运营方式进行通勤效率计算,具有准确性,劣势在于当居住地点和工作地点的地理信息不精确时,可能导致路线偏离真实情况。

通勤效率计算对样本 GPS 轨迹的完整性要求较高。因此对样本进行预处理,将通勤距离过短、计算出的最短通勤距离过短、通勤路径起点不是家周边区域以及路径有部分缺失的样本去除,最终得到 161 人 329 天的早晚通勤数据。

本章将居民的绕行行为分为非必要绕行和必要绕行。必要绕行通常是有效率的,因为个体通过走更远的距离进行非工作活动满足自身的需求。这类绕行反映了城市设施分布或个人活动地点的偏好,绕行可能随着非工作活动停留次数的增加而上升。非必要绕行是没有效率的,因为个体没有完成任何非工作活动却增加了出行距离。这类绕行可能来出于交通拥堵、出行信息不完等原因。对于一个理性的个体,非必要绕行应当减少来增加出行的可持续性。因此,本章使用非工作停留作为区分两类绕行行为的指标。如果一个人没有任何非工作停留,则认为绕行是非必要的。

7.4.2 通勤效率的群体差异

表 7-7 展示了上地—清河地区居民的早晚通勤效率。总体而言,郊区居民通勤的平均停留次数是 0.13 次,平均路径效率指数是 58%。与已有研究比较,这一通勤效率较低,说明更少的居民选择最优路径进行通勤(Papinski et al.,2013)。对于那些没有非工作停留的居民(非必要绕行),平均通勤距离更长,路径方向指数更小。这可能是由于长距离通勤居民更有可能直接回家(Justen et al.,2013)。没有非工作停留的居民路径方向指数更小,说明通勤效率与停留次数密切相关,相比于非必要绕行,居民更愿意进行必要绕行。

表 7-7　早晚个体通勤效率差异

总体样本		样本数	实际通勤距离（km）	路径方向指数（%）	停留数
总体样本	早通勤	329	15.81	55	0.09
	晚通勤	329	16.09	61	0.18
	总体	658	15.95	58	0.13
	两关联样本 t 检验	329	0.004	0.026	0.003
没有停留的样本	早通勤	303	15.71	47	—
	晚通勤	278	16.66	59	—
	总体	581	16.16	53	—
	两关联样本 t 检验	258	0.011	0.028	

早晚通勤的通勤距离和通勤效率存在明显差异（表7-7）。相比于晚通勤，早通勤的通勤距离更短、非工作停留次数更少。这一结果与已有研究成果一致，时空制约显著影响居民通勤行为，时空制约低的时候居民更有可能进行非工作活动（Lockwood et al.，1994；Schwanen et al.，2003）。而对于那些进行非必要绕行的居民，早通勤距离更短而晚通勤距离更长。对于总体样本和没有停留的样本，晚通勤的平均路径方向指数都更大。

通勤行为本身也会带来通勤距离和通勤效率的差异（表7-8）。停留次数仅会对早通勤路径方向指数产生显著的影响。在早通勤中有1个停留的居民会导致更高的路径方向指数，而没有停留会显著地提高通勤效率。这意味着个体在早通勤中从事必要性的家务活动，比如接送家人、送孩子去幼儿园等，更有可能导致必要性的绕行。不同交通方式下的平均通勤距离和停留次数存在差异，但是路径方向指数不存在显著差异。居民在汽车出行中更有可能进行非工作停留，其次是公共交通、自行车，最后是步行。这主要是由于汽车出行者有更高的移动性，对城市机会的可达性更高（Kwan et al.，2015）。同时，公共交通出行的居民可以在换乘站点附近进行非工作活动。

7.4.3　模型分析

本章构建多层固定效用一般线性模型分析职住空间建成环境对个体通勤效率的影响。表7-9模型以路径方向指数的对数形式作为因变量，模型1和模型2分别分析总体样本和没有停留的样本的通勤效率，模型3和模型4分别分析早通勤样本和晚通勤样本的通勤效率。

表 7-8　停留次数和出行距离对个体通勤效率的影响

		早通勤距离（km）	晚通勤距离（km）	早通勤路径方向指数（%）	晚通勤路径方向指数（%）	停留次数
停留	0	15.56	16.66	46	59	—
	1	16.92	13.58	78	75	—
	2+	28.87	9.46	64	54	—
单因素方差分析显著性		0.112	0.113	0.000	0.519	—
交通方式	汽车	16.55	17.34	69	76	0.17
	步行	1.74	2.14	35	48	0.04
	自行车	5.51	6.27	40	66	0.05
	公共交通	16.72	17.21	42	38	0.14
	其他	32.86	32.08	61	59	0.08
单因素方差分析显著性		0.000	0.000	0.143	0.120	0.097

　　自变量为居住地和就业地的建成环境,包括设施密度、路网密度和到最近地铁站的距离。设施密度是指居民家或工作地周边 1 km 范围内的设施数量,包括零售商店、娱乐设施和公共服务设施,可以作为商品和服务可达性的指标。到最近地铁站的距离用来测量家或工作地到地铁的可达性,其测量采用家或工作地到最近地铁站的直线距离进行计算。路网密度用家或工作地周边 1 km 范围内的道路网络密度进行测量,用以测量建成环境的设计指标。最后,工作地点包括中心城区就业、本地就业和其他郊区地域就业(临近郊区地域就业合并入该类)。其他控制变量包括社会经济属性变量和通勤行为变量。其中社会经济属性变量包括性别、年龄、个人收入、教育程度、户口和家庭结构等;通勤行为变量包括早晚通勤、停留次数和交通方式。

　　模型发现工作地建成环境比居住地建成环境对通勤效率的影响更大。在地铁站周边工作、工作地周边路网密度更高或者工作地周边设施密度更高的居民更有可能选择更有效率的路径。首先,工作地周边的高集约性和公共设施可达性会限制汽车通勤(Shiftan et al.,2002)。其次,工作地周边设施密度高会减少通勤绕行,因为个体能够在工作地周边进行非工作活动。已有研究表明,工作地可达性高会导致更简单的通勤出行链(Krizek,2003)。然而,居住地周边建成环境对通勤效率的影响不显著。这证明了已有研究的结论,即工作地对于通勤的影响要比居住地更加重要(Maat et al.,2009)。同时,模型 3 和模型 4 表明除工作地到地铁站的距离外,建成环境对通勤效率的影响不存在明显的早晚差异。这表明,由于早高峰时空制

表 7-9 建成环境对通勤效率的影响模型

		模型1:全体样本	模型2:没有停留的样本	模型3:早通勤样本	模型4:晚通勤样本
居住地建成环境	到最近地铁站距离	−0.03	−0.02	−0.07	0
	道路网络密度	0.02	0.02	0.03	0.01
	设施密度	−0.01	−0.01	−0.01	−0.01
工作地建成环境	到最近地铁站的距离	0.15*	0.14*	0.16**	0.13
	道路网络密度	−0.03*	−0.03*	−0.02	−0.03
	设施密度	0.01**	0.02***	0.01**	0.01**
工作地点(参照:其他郊区区域)	本地就业	0.93***	0.75***	0.95***	0.92***
	城市中心就业	−0.5*	−0.57*	−0.42	−0.51*
女性(参照:男性)		−2.64**	−2.49**	−2.65**	−2.55**
家庭结构（参照:单身）	结婚无小孩	−1.44	−1.32	−1.22	−1.35
	核心家庭有小孩	−1.65*	−1.56*	−1.55*	−1.38
	拓展家庭无小孩	−1.17	−1.07	−1	−1.17
	结婚无小孩*女性	2.51**	2.47**	2.18**	2.74**
	核心家庭有小孩*女性	2.6**	2.4**	2.7**	2.28**
	拓展家庭无小孩*女性	1.64	1.55	1.6	1.53
年龄(参照:50岁以上)	20—29岁	−0.39	−0.48	−0.26	−0.36
	30—39岁	−0.62	−0.54	−0.48	−0.51
	40—49岁	−0.32	−0.37	−0.23	−0.27
北京户口(参照:非北京户口)		−0.16	−0.13	−0.16	−0.21
个人收入(参照:6 000元以上)	2 000元以下	0.61	0.82*	0.33	0.82*
	2 000—6 000元	0.81***	0.79***	0.76***	0.72***
教育程度（参照:高中及以下）	大专、本科	0.44	0.41	0.39	0.41
	研究生及以上	0.51	0.55	0.39	0.46
停留次数(参照:无停留)	1	0.1	—	0.82**	−0.07
	2+	−0.54*	—	−0.32	−0.39
晚通勤(参照:早通勤)		0.14**	0.16**	—	—
交通方式（参照:自行车）	汽车	1.14***	1.1***	0.92***	1.09***
	步行	−0.01	0.03	−0.37	−0.49
	公共交通	0.57**	0.55**	0.48	0.55
	其他	1.15***	1.2***	1.29***	0.82*
截距		2.89*	2.62*	2.74*	3.37**
个人层次随机部分(方差)		1.12	0.10	0.74	0.96
一日层次随机部分(方差)		0.84	0.82	1.13	0.83
样本数		658	581	329	329
Wald卡方值		93.93	83.52	75.2	66.01
Log likelihood		−1 015.67	−891.84	−551.63	−527.88

注:* 表示显著性为 0.1；** 表示显著性为 0.05；*** 表示显著性为 0.01。

约更强,在地铁站周边工作能够更显著地影响早通勤。

职住空间显著地影响通勤效率。本地就业的居民路径方向指数更高,说明他们的路径选择效率更低。这与已有研究结果不一致,已有研究认为短距离通勤有更多的选择,通勤效率更高(Papinski et al.,2013)。一个可能的解释是,职住在步行范围内给了人们更大的自由进行非工作活动,从而导致了更多的绕行。另一个解释是,ArcGIS的最短路径算法到城市道路的尽端路截止,因此邻里内部的道路没有被计算在内,导致最短路径计算偏小。因此,小尺度空间内计算出的最短路径可能比实际最短路径要短。除了早通勤,在城市中心工作的居民通勤效率更高,这可能是由于郊区居民向城市中心通勤的距离更长,因而愿意选择更高效的路径;又由于所有的通勤者早上的时间弹性都较小,因而群体间的差异不显著。

7.5　职住空间对工作日晚间非工作活动的影响

7.5.1　工作日晚间家外非工作活动的差异分析

进一步分析晚间居民家外非工作活动特征,共有晚间通勤链767条。根据非工作活动顺序和类型进行分类,W-H型为下班直接回家并且不再出家门,占77.7%;W-Y-H型为通勤过程中进行非工作活动,其中包括通勤和回家后都进行了非工作活动的样本(后者数量很少),占17.7%;W-H-Y-H型为下班直接回家后再进行非工作活动,占4.6%。

职住空间对于居民晚间家外非工作活动的影响主要有以下方面。一是工作地周边的建成环境因素影响居民以工作地为起点的家外非工作活动,例如工作地周边进行的餐饮、休闲活动,以及居民在通勤途中家外非工作活动选择。二是居住地周边的建成环境因素影响居民在通勤过程中的家外非工作活动以及回家之后是否出门进行家外非工作活动。三是职住距离影响了居民的家外非工作活动参与意愿,已有研究表明通勤时间长,居民家外非工作活动的发生率降低。

由图7-5可以看出,到其他郊区地域就业的居民下班直接回家并且回家后不再出门的比例占到88.4%,远高于其他类型。临近郊区地域就业的居民直接回家并且回家后不再出门的比例最低,仅为73.8%,但是这类居民中回家后再出门进行家外非工作活动的比例最高,达到8.1%。除了其他郊区地域就业居民外,其他三类居民在通勤过程中进行家外非工作活动的比例相当,本地就业和中心城区就业居民略高于临近郊区地域就业居民。在W-Y-H型中,与就餐有关的出行链有51个,与购物有关的出行链有31个,与休闲有关的出行链有32个,与个人与家庭事务有关的出行链有31个,说明居民在通勤过程中以完成就餐、休闲、购物和个人与家庭事务为主要的出行目的。

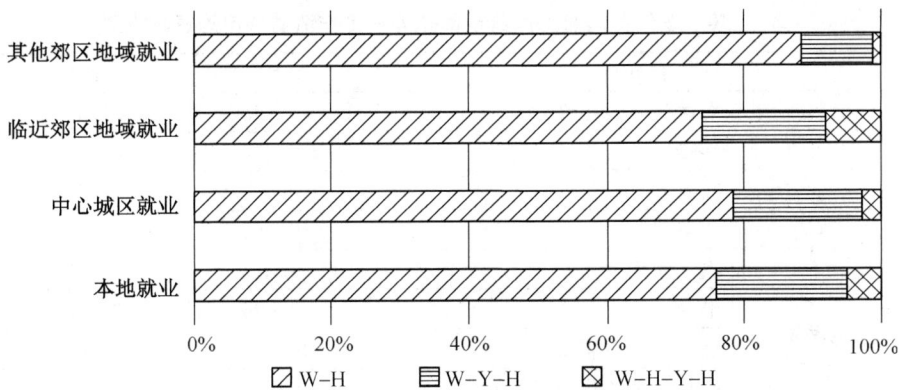

图 7-5　不同职住空间下的晚间家外非工作活动模式

7.5.2　职住空间对工作日晚间非工作活动参与的影响

以居民晚间是否有家外非工作活动(参与家外非工作活动为1,不参与为0)作为因变量构建二元多层逻辑斯蒂模型,在控制个人社会经济属性和通勤特征的前提下分析职住空间的影响。在模型中,对性别、年龄、收入、户口、家庭结构、小汽车使用状况这些可能对家外非工作活动产生影响的个人社会经济属性以及工作时间、通勤交通方式、通勤时间弹性进行控制。

职住空间对居民的家外非工作活动具有显著的影响(表7-10)。相比于其他郊区地域就业的居民,本地就业、临近郊区地域就业和中心城区就业的居民家外活动的概率更高。说明到其他远郊地区进行长距离通勤会限制居民进行非工作活动的能力,但是到中心城区就业并没有显著的影响,这可能是由于中心城区本身具有良好的设施配置,有利于居民进行通勤过程中的非工作活动。而分析居住地和工作地建成环境因素的影响,可以看出,工作地附近的零售商业设施增加会提高居民进行家外非工作活动的可能性,居住地附近的路网密度提高也会增加居民进行家外非工作活动的可能性。这两个因素说明,工作地附近的商业设施密度提高可以增加居民在通勤过程中进行非工作活动的可能性,而家附近的路网条件更好会方便居民的日常出行,增加非工作活动的频率。

从模型中可以看出,个人社会经济属性对于晚间家外非工作活动参与的影响主要是家庭结构因素,而性别、收入、户口和汽车拥有情况等的影响均不显著。相比于已婚无小孩的家庭,单身和已婚非双职工家庭的差异不显著,而已婚有小孩的双职工家庭更不太可能进行晚间的家外非工作活动,说明孩子限制了双职工家庭居民参与家外非工作活动的机会。而这两类中扩展家庭参与家外非工作活动的可能性更低,印证了第五章的观点,即父母合住给男女家长带来了新的时空制约。

从工作和通勤属性上看,工作时间越长,居民进行家外非工作活动的可能性越低。而通勤时间弹性越大,居民进行家外非工作活动的可能性越

表 7-10　职住空间对工作日晚间家外非工作活动参与的影响模型

自变量		系数	显著性
女性(参照:男性)		0.105	0.718
年龄		−0.002	0.92
收入		0.019	0.882
北京户口		−0.060	0.886
汽车使用者		0.117	0.713
家庭结构(参照:已婚无小孩)	单身	0.096	0.861
	已婚有小孩非双职工	0.090	0.906
	已婚有小孩双职工核心家庭	−0.591	0.089
	已婚有小孩双职工扩展家庭	−0.972	0.029
通勤方式(参照:小汽车通勤)	单位班车通勤	−1.109	0.189
	公交车通勤	−1.048	0.005
	地铁通勤	−0.547	0.21
	自行车通勤	−1.646	0.001
	步行通勤	−0.464	0.448
职住空间(参照:其他郊区地域就业)	本地就业	1.330	0.028
	中心城区就业	1.174	0.048
	临近郊区地域就业	1.278	0.028
时间弹性		0.227	0.047
工作时间		−0.003	0.003
居住地附近餐饮设施数量		0.038	0.386
居住地附近公共设施数量		−0.003	0.908
居住地附近休闲设施数量		−0.134	0.162
居住地附近零售设施数量		−0.019	0.494
工作地附近餐饮设施数量		0.041	0.776
工作地附近公共设施数量		−0.068	0.287
工作地附近休闲设施数量		0.067	0.364
工作地附近零售设施数量		0.107	0.067
居住地附近低级道路长度		0.120	0.046
工作地附近低级道路长度		0.011	0.674
居住地附近快速路长度		0.174	0.089
工作地附近快速路长度		0.070	0.178
日期(参照:周一)	周二	−0.096	0.789
	周三	0.237	0.491
	周四	0.240	0.498
	周五	0.544	0.12
截距		−4.062	0.029
个体水平上的方差		1.033	
−2Log likelyhood		646.924	
Wald chi2(35)		48.05	

大,说明时间预算限制了居民进行家外非工作活动的能力。从通勤交通方式上看,相比于小汽车通勤,公交车通勤和自行车通勤会降低进行家外非工作活动的概率。

7.6 小结

7.6.1 郊区居民的通勤圈具有多元化特征

本章侧重职住关系的分析,提出郊区居民具有本地就业、临近郊区地域就业、中心城区就业和其他郊区地域就业四种职住关系类型,并比较了不同职住关系下郊区居民的通勤特征、通勤效率和复杂通勤链,发现居民在通勤距离、通勤方式和早晚通勤差异方面具有组间差异。从上文分析可以看出,郊区居民的通勤圈具有层次性,包括本地通勤、侧向通勤和长距离向心通勤三个主要维度。本地通勤主要包括一些本地商业服务业人员以及上地软件园的就业人员,以非机动通勤为主,通勤链相对复杂,通勤效率更低。侧向通勤主要是向临近的就业副中心通勤,非机动与机动方式通勤相结合,通勤链相对简单,早晚通勤差异较大。长距离向心通勤主要是通向城市中心区和另一扇面的就业副中心,以机动车通勤为主,通勤时间长,甚至一些居民跨越城市中心向另一扇面的就业副中心通勤。

我国城市郊区居民的通勤模式与西方,特别是美国城市具有较大差异。美国城市郊区以纯居住为主,就业主要集中在城市中心和副中心。以芝加哥北部郊区为例,居民的主要通勤方向有两个,一是向城市中心通勤,二是向同一扇面的临近副中心侧向通勤,只有很少数居民在本地就业和跨越城市中心到另一扇面进行通勤。约有 37.5% 的居民是侧向通勤,48.4% 的居民是中心城市通勤,仅有 12.3% 的居民为本地就业,不到 2% 的居民为另一扇面的郊区就业。

比较北京和芝加哥近郊区居民的通勤格局,发现北京居民本地就业的比例更高,但是向另一扇面远郊长距离通勤的比例也较高,临近郊区就业比例相对较低。从城市交通效率的角度来讲,借鉴芝加哥的经验,应当推动多元分散的城市发展模式,促进居民向临近郊区地域就业以增加侧向通勤,减少中心城区交通压力,特别是减少不必要的跨城市中心通勤,以提高整个城市的通勤效率。

7.6.2 郊区居民个体通勤效率较低

与基于传统方法的通勤特征分析相比,本章使用个体通勤效率的概念对郊区居民通勤行为的复杂性与差异性进行了分析。发现郊区居民由于职住关系的特征导致了通勤效率的独特性。而这种复杂性与差异性具有多方面原因。在制度层面,居住郊区化与就业郊区化的不同步性导致了职住分离与职住接近并存,住房市场的不完全发育限制了居民的自由迁居,而就业中心的相对集中导致居民的就业地选择有限。这种职住关系导致了长距离通勤和交通拥堵现象的形成,影响了居民选择通勤路径和通勤方式的效率。在规划层面,郊区设施配套不完善导致居民的日常生活圈发育不良,居民日常活动受到时空制约,同时由于交通路网不合理导致的交通拥堵使得一些居民倾向于在通勤过程中绕行或进行非工作活动避开高峰,导致通勤链更加复杂。

本章参考文献

柴彦威,张艳. 2010. 应对全球气候变化,重新审视中国城市单位社区[J]. 国际城市规划(1):20-23.

陈赵炅,杨东援,郭高华. 2014. 上海市大型居住社区居民职住分离情况研究[J]. 交通标准化,42(15):19-24.

干迪. 2013. 上海市郊区大型社区不同人群通勤特征分析研究[J]. 上海城市规划(6):106-111.

顾翠红,魏清泉. 2008. 上海市职住分离情况定量分析[J]. 规划师,24(6):57-62.

李峥嵘,柴彦威. 2000. 大连市民通勤特征研究[J]. 人文地理,15(6):67-72.

刘定惠,朱超洪,杨永春. 2012. 基于地理学视角的我国城市通勤研究进展[J]. 城市发展研究(10):55-59.

刘望保,侯长营. 2014. 转型期广州市城市居民职住空间与通勤行为研究[J]. 地理科学,34(3):272-279.

刘志林,张艳,柴彦威. 2009. 中国大城市职住分离现象及其特征——以北京市为例[J]. 城市发展研究(9):110-117.

龙瀛,张宇,崔承印. 2012. 利用公交刷卡数据分析北京职住关系和通勤出行[J]. 地理学报,67(10):1339-1352.

孟斌,于慧丽,郑丽敏. 2012. 北京大型居住区居民通勤行为对比研究——以望京居住区和天通苑居住区为例[J]. 地理研究,31(11):2069-2079.

孟斌,郑丽敏,于慧丽. 2011. 北京城市居民通勤时间变化及影响因素[J]. 地理科学进展,30(10):1218-1224.

孟繁瑜,房文斌. 2007. 城市居住与就业的空间配合研究——以北京市为例[J]. 城市发展研究,14(6):87-94.

孟庆艳,陈静. 2006. 城市居民通勤活动行为的时空特征研究——以上海浦东新区为例[J]. 交通与运输(B07):6-9.

申悦,柴彦威. 2012. 基于GPS数据的城市居民通勤弹性研究——以北京市郊区巨型社区为例[J]. 地理学报,67(6):733-744.

宋金平,王恩儒,张文新. 2007. 北京住宅郊区化与就业空间错位[J]. 地理学报,62(4):387-396.

孙斌栋,李南菲,宋杰洁,等. 2010. 职住平衡对通勤交通的影响分析——对一个传统城市规划理念的实证检验[J]. 城市规划学刊(6):55-60.

王丰龙,王冬根. 2014. 北京市居民汽车使用的特征及其影响因素[J]. 地理学报,69(6):771-781.

王宏,崔东旭,张志伟. 2013. 大城市功能外迁中双向通勤现象探析[J]. 城市发展研究,20(4):149-152.

韦亚平,潘聪林. 2012. 大城市街区土地利用特征与居民通勤方式研究——以杭州城西为例[J]. 城市规划(3):76-84.

薛领,王冰松,杨开忠. 2007. 我国大都市居民通勤、就业与居住变迁的时空特征研究——以北京市为例[J]. 学习与实践(12):32-39.

张艳,柴彦威. 2009. 基于居住区比较的北京城市通勤研究[J]. 地理研究(5):1327-1340.

钟喆,孙斌栋. 2012. 居住—就业平衡与城市通勤——以上海普陀区为例[J]. 地域研究与开发,31(3):88-92.

周江评,陈晓键,黄伟,等. 2013. 中国中西部大城市的职住平衡与通勤效率——以西安为例[J]. 地理学报,68(10):1316-1330.

周素红,闫小培. 2006. 广州城市居住—就业空间及对居民出行的影响[J]. 城市规划,30(5):13-18.

周素红,杨利军. 2005. 广州城市居民通勤空间特征研究[J]. 城市交通,3(1):62-67.

Bhat C, Singh S. 2000. A comprehensive daily activity-travel generation model system for workers[J]. Transportation Research Part A: Policy and Practice, 34(1): 1-22.

Bhat C. 2001. Modeling the commute activity-travel pattern of workers: formulation and empirical analysis[J]. Transportation Science, 35(1): 61-79.

Boarnet M, Crane R. 2001. The influence of land use on travel behavior: specification and estimation strategies[J]. Transportation Research Part A, 35(9): 823-845.

Buliung R, Kanaroglou P. 2006. Urban form and household activity-travel behavior [J]. Growth and Change, 37(2): 172-199.

Cervero R. 2002. Built environments and mode choice: toward a normative framework [J]. Transportation Research Part D, 7(4): 265-284.

Cervero R, Duncan M. 2006. Which reduces vehicle travel more: jobs-housing balance or retail-housing mixing? [J]. Journal of the American Planning Association, 72(4): 475-490.

Cervero R, Kockelman K. 1997. Travel demand and the 3Ds: density, diversity, and design[J]. Transportation Research Part D, 2(3): 199-219.

Crane R. 2000. The influence of urban form on travel: an interpretive review[J]. Journal of Planning Literature, 15(1): 3-23.

Ding C, Lin Y, Liu C. 2014. Exploring the influence of built environment on tour-based commuter mode choice: a cross-classified multilevel modeling approach[J]. Transportation Research Part D, 32: 230-238.

Ewing R, Cervero R. 2010. Travel and the built environment[J]. Journal of the American Planning Association, 76(3): 265-294.

Ewing R, Pendall R, Chen D. 2003. Measuring sprawl and its transportation impacts [J]. Journal of the Transportation Research Board, 1831(1): 175-183.

Frank L, Pivo G. 1995. Impacts of mixed use and density on utilization of three modes of travel: single-occupant vehicle, transit, and walking [J]. Transportation

Research Record (1466): 44-52.

Giuliano G, Small K. 1993. Is the journey to work explained by urban structure? [J]. Urban Studies, 30(9): 1485-1500.

Gonzales E, Daganzo C. 2013. The evening commute with cars and transit: duality results and user equilibrium for the combined morning and evening peaks[J]. Transportation Research Part B: Methodological, 57(4): 286-299.

Handy S, Cao X, Mokhtarian P. 2005. Correlation or causality between the built environment and travel behavior? Evidence from Northern California [J]. Transportation Research Part D, 10(6): 427-444.

Justen A, Martínez F, Cortés C. 2013. The use of space-time constraints for the selection of discretionary activity locations[J]. Journal of Transport Geography, 33: 146-152.

Klöckner C, Matthies E. 2004. How habits interfere with norm-directed behaviour: a normative decision-making model for travel mode choice [J]. Journal of Environmental Psychology, 24(3): 319-327.

Krizek K. 2003. Neighborhood services, trip purpose, and tour-based travel[J]. Transportation, 30(4): 387-410.

Kwan M P, Kotsev A. 2015. Gender differences in commute time and accessibility in Sofia, Bulgaria: a study using 3D geovisualisation[J]. The Geographical Journal, 181(1): 83-96.

Lockwood P, Demetsky M. 1994. Non-work travel: a study of changing behavior[R]. Washington DC: Presented at the 73rd Annual Meeting of the Transportation Research Board.

Lovejoy K, Sciara G C, Salon D, et al. 2013. Measuring the impacts of local land-use policies on vehicle miles of travel: the case of the first big-box store in Davis, California[J]. Journal of Transport and Land Use, 6(1): 25-39.

Maat K, Timmermans H J P. 2009. Influence of the residential and work environment on car use in dual-earner households[J]. Transportation Research Part A: Policy and Practice, 43(7): 654-664.

Palma A, Lindsey R. 2002. Private roads, competition, and incentives to adopt time-based congestion tolling[J]. Journal of Urban Economics, 52(2): 217-241.

Papinski D, Scott D M. 2013. Route choice efficiency: an investigation of home-to-work trips using GPS data[J]. Environment and Planning A, 45(2): 263-275.

Schönfelder S, Axhausen K. 2003. Activity spaces: measures of social exclusion? [J] Transport Policy, 10(4): 273-286.

Schwanen T, Dijst M. 2003. Time windows in workers' activity patterns: empirical evidence from the Netherlands[J]. Transportation, 30(3): 261-283.

Shiftan Y, Barlach Y. 2002. Effect of employment site characteristics on commute mode choice[J]. Transportation Research Record: Journal of the Transportation Research Board, 1781(1): 19-25.

Witlox F. 2007. Evaluating the reliability of reported distance data in urban travel behaviour analysis[J]. Journal of Transport Geography, 15(3): 172-183.

Ye X, Pendyala R M, Gottardi G. 2007. An exploration of the relationship between mode choice and complexity of trip chaining patterns[J]. Transportation Research Part B, 41(1): 96-113.

Zhang X, Huang H J, Zhang H M. 2008. Integrated daily commuting patterns and optimal road tolls and parking fees in a linear city[J]. Transportation Research Part B, 42(1): 38-56.

Zhao P, Lü B, Roo G. 2011. Impact of the jobs-housing balance on urban commuting in Beijing in the transformation era [J]. Journal of Transport Geography, 19(1): 59-69.

8 基于时空行为的生活方式类型研究

转型期城市空间重构和社会变迁影响个体生活方式的选择,并通过日常时空行为的结果表现出来。本章使用时空行为的聚类分析方法划分郊区居民的生活方式类型,比较生活方式群体的个体、家庭和地理背景差异,并分析不同生活方式群体的活动—移动模式特征,从而论述郊区居民生活方式的多样性与复杂性。

8.1 基于时空行为的生活方式类型划分

8.1.1 选取指标

根据理论框架和前文的分析,本章采用与城市空间的关系、日程安排和移动方式三大类 31 个指标进行聚类分析(表 8-1)。"与城市空间的关系"主要描述了居民日常活动的集聚程度,采用活动空间面积、整日出行距离、通勤出行距离和活动点分散程度进行度量,其中活动空间面积和活动点分散程度用以描述一日不同活动之间的分散程度,出行距离用以描述整日活动/工作活动的距离衰减特征。日程安排包括活动时空制约、活动持续时间和活动频率三个子维度,其中活动时空制约代表工作日工作与家庭责任限制下居民的日常活动固定性程度,用时空弹性水平和固定活动的数量进行描述;活动持续时间和活动频率考量工作活动、家庭相关活动和休闲活动的特征,分别对应了生活方式内在属性中的工作导向、家庭导向和休闲导向。移动方式考察居民总出行中各种交通方式所占比例,使用非机动出行、汽车出行、公交出行三个维度。

8.1.2 因子分析

在统计产品与服务解决方案(SPSS)软件中进行因子分析,使用主成分方法和最大方差旋转进行因子分析,按照每一个因子的特征值都大于 1 的原则抽取了 9 个因子,共解释了 78.2% 的总方差。对于每一个因子,根据因子负荷大于 0.5 或者小于 −0.5 的变量对因子进行命名(表 8-2)。第

表 8-1　生活方式聚类变量

大类	变量名	描述
与城市空间的关系	活动空间面积	GPS 轨迹的 500 米缓冲区
	整日出行距离	全部出行的路网距离
	通勤出行距离	通勤出行的路网距离
	活动点分散程度	活动点的标准距离
日程安排	工作日整日空间弹性	1—5 评分,1 为弹性,5 为固定性
	工作日整日时间弹性	1—5 评分,1 为弹性,5 为固定性
	工作日空间固定活动数量	固定性为 5 的活动数量
	工作日时间固定活动数量	固定性为 5 的活动数量
	工作日工作活动持续时间	—
	休息日工作活动持续时间	—
	工作日休闲社交活动持续时间	—
	休息日休闲社交活动持续时间	—
	工作日家庭相关活动持续时间	—
	休息日家庭相关活动持续时间	—
	工作日非工作家外活动持续时间	—
	休息日非工作家外活动持续时间	—
	工作日工作活动次数	—
	休息日工作活动次数	—
	工作日休闲社交活动次数	—
	休息日休闲社交活动次数	—
	工作日家庭相关活动次数	—
	休息日家庭相关活动次数	—
	工作日非工作家外活动次数	—
	休息日非工作家外活动次数	—
移动方式	非机动出行占总出行比例	步行与自行车出行距离除以总距离
	公交出行占总出行比例	公交出行距离除以总距离
	汽车出行占总出行比例	汽车出行距离除以总距离
	通勤非机动出行占总出行比例	步行与自行车出行距离除以总通勤距离
	通勤公交出行占总出行比例	公交出行距离除以总通勤距离
	通勤小汽车出行占总出行比例	汽车出行距离除以总通勤距离
	出行次数	—

表8-2 生活方式聚类分析的旋转成分矩阵

	活动分散度	时空弹性	汽车导向	休闲导向	非工作家外活动	家庭导向	非机动出行	周末加班	工作破碎化
整日出行距离	0.912	-0.038	0.148	-0.038	0.106	-0.009	-0.154	-0.031	0.073
活动空间面积	0.903	0.019	0.031	-0.022	0.123	-0.022	-0.101	-0.029	-0.058
通勤出行距离	0.849	-0.031	0.023	0.015	-0.033	-0.065	-0.153	0.042	0.007
活动点分散程度	0.823	-0.053	-0.136	-0.101	0.046	-0.110	-0.167	0.111	0.033
工作日空间固定活动数量	-0.031	0.861	0.013	0.041	0.004	-0.016	-0.025	-0.045	0.075
工作日整日时间弹性	-0.086	0.834	-0.024	0.237	0.124	0.118	0.002	-0.018	0.278
工作日时间固定活动数量	0.096	0.826	0.008	-0.076	0.040	0.009	0.048	0.030	-0.061
工作日整日空间弹性	-0.136	0.810	-0.015	0.312	0.092	0.067	-0.036	-0.041	0.294
汽车出行占总出行比例	0.067	-0.078	0.820	-0.033	0.115	0.044	-0.424	-0.087	-0.068
通勤小汽车出行占总出行比例	0.158	0.006	0.808	0.050	0.021	0.061	-0.395	-0.033	-0.091
工作日休闲社交活动次数	-0.097	0.195	0.038	0.867	0.068	-0.106	-0.018	0.055	0.101
工作日休闲社交活动持续时间	-0.073	0.021	0.016	0.851	0.022	-0.153	-0.015	0.059	-0.083
休息日休闲社交活动次数	0.027	0.143	0.052	0.628	0.127	-0.254	0.218	-0.315	0.103
休息日休闲社交活动持续时间	-0.004	-0.017	0.042	0.514	0.054	-0.408	0.165	-0.442	-0.140
休息日非工作家外活动持续时间	0.101	-0.105	0.070	-0.083	0.868	-0.135	0.022	-0.081	-0.008
工作日非工作家外活动持续时间	0.006	0.235	0.003	0.150	0.836	0.018	-0.091	-0.019	-0.179
休息日非工作家外活动次数	0.162	-0.058	0.083	0.040	0.808	-0.050	0.062	0.044	0.294

	活动分散度	时空弹性	汽车导向	休闲导向	非工作家外活动	家庭导向	非机动出行	周末加班	工作碎化
工作日非工作家外活动次数	-0.030	0.447	-0.007	0.221	0.709	0.052	-0.121	-0.070	0.085
工作日家庭相关活动次数	-0.095	0.193	0.012	-0.008	-0.060	0.826	0.114	0.066	0.062
工作日家庭相关活动持续时间	-0.067	-0.059	0.097	-0.216	-0.054	0.825	0.086	0.063	-0.179
休息日家庭相关活动持续时间	-0.041	-0.065	0.049	-0.371	-0.089	0.651	-0.146	-0.204	0.269
休息日家庭相关活动次数	-0.073	0.006	0.045	-0.092	0.062	0.606	-0.065	-0.103	0.569
非机动出行占总出行比例	-0.317	-0.004	-0.030	0.073	-0.041	0.072	0.840	0.061	0.052
通勤非机动出行占总出行比例	-0.306	-0.033	0.010	0.100	-0.025	0.029	0.804	0.069	0.031
休息日工作活动次数	0.034	-0.029	-0.064	0.049	-0.013	-0.002	0.137	0.928	0.029
休息日工作活动持续时间	0.043	-0.027	-0.077	-0.057	-0.061	-0.035	0.022	0.927	-0.129
工作日工作活动次数	-0.099	0.350	-0.003	0.062	0.114	-0.103	-0.019	-0.031	0.719
出行次数	0.152	0.147	0.011	-0.046	-0.003	0.122	0.146	-0.010	0.575
工作日工作活动持续时间	-0.044	-0.192	-0.018	-0.542	-0.065	-0.434	-0.191	-0.071	0.403
通勤公交出行占总出行比例	0.053	-0.051	-0.857	-0.075	0.022	-0.037	-0.331	0.022	-0.056
公交出行占总出行比例	0.052	-0.001	-0.908	-0.015	-0.064	-0.030	-0.191	0.065	-0.097

一个因子"活动分散度"代表了与活动空间、出行距离相关的变量；第二个因子"时空弹性"代表了与工作日活动时空制约相关的变量；第三个因子"汽车导向"表达了居民整日出行和通勤出行中使用汽车而不用公交的情况；第四个因子"休闲导向"提取了居民休闲活动的相关信息，而与工作日工作时间负相关；第五个因子"非工作家外活动"包括了居民家外非工作活动的持续时间和频率；第六个因子"家庭导向"提取了居民家庭相关活动（家务、照料家人、接送家人等活动）的持续时间和频率；第七个因子"非机动出行"提取了居民整日出行和通勤出行中步行比例高的特征；第八个因子"周末加班"代表了休息日工作活动的变量；第九个因子"工作破碎化"提取了工作日工作活动的次数和出行次数的变量。

8.1.3　聚类分析

使用上述 9 个因子，在 SPSS 中采用夹角余弦值作为度量标准，采用组间连接法进行系统聚类分析。在聚类分析中类型的数量是重要的决定因素，提取类型过少会导致重要的因子差异无法表达，提取类型过多会导致有些类型样本量过小而无法定义（Lin et al., 2009）。根据数据的特点在树形图中进行多次验证，并参考一般文献中的类型提取标准，最终本章选取了 5 个生活方式类型。每个生活方式类型及其因子的平均值如表8-3表示，并根据其特点对每一类生活方式群体进行命名。

第一类为城市通勤居民，其最大的特点就是汽车占日常出行的比重极低，主要以公共交通出行，这类居民占到郊区居民的 24.1%；第二类是汽车依赖居民，与第一类不同，该类居民主要是使用汽车出行，并且活动空间的分散程度很广，代表了郊区居民中的高收入群体，占郊区居民的22.49%；第三类是家庭责任优先居民，该类居民的首要特点是家庭相关活动的频率高、持续时间长，但是休闲活动少，应该是家庭责任较重的群体，这类居民占 14.06%；第四类为规律出行居民，他们具有时空固定性比较强、使用非机动交通方式而工作日的出行次数与工作活动次数比较多的特征，这类居民占 19.68%；第五类为外出爱好居民，典型特征是周末有大量加班活动，并且家外非工作活动次数比较多，但是工作日的休闲比例也不低，这类居民占 19.68%。

8.2　生活方式群体的社会经济属性特征

8.2.1　家庭属性特征

家庭对于居住区位、工作区位、汽车所有权等的选择会影响每一个家庭成员的生活方式、信仰与价值观，进而塑造他们的个体行为。表 8-4 比

表 8-3　生活方式类型

	城市通勤居民	汽车依赖居民	家庭责任优先居民	规律出行居民	外出爱好居民
比例	24.10%	22.49%	14.06%	19.68%	19.68%
活动分散度	−0.076 80	0.622 84	−0.295 35	−0.230 35	−0.176 47
时空弹性	−0.232 59	−0.075 09	−0.278 57	0.746 22	−0.176 62
汽车导向	−1.179 77	0.862 62	0.265 77	−0.035 20	0.304 13
休闲导向	0.304 35	−0.125 10	−0.761 58	−0.068 74	0.383 01
家外非工作活动	−0.128 97	−0.288 14	−0.088 97	−0.072 36	0.623 14
家庭导向	−0.095 55	−0.449 72	1.554 88	−0.373 31	−0.106 35
非机动出行	−0.326 62	−0.159 58	0.098 03	0.895 48	−0.383 18
周末加班	−0.340 12	−0.202 70	−0.158 86	−0.265 43	1.027 03
工作破碎化	−0.075 73	−0.394 40	−0.220 58	0.550 85	0.150 18

较了不同生活方式群体在家庭属性上的差异。城市通勤居民和汽车依赖居民在交通方式选择上具有明显的分异,他们的家庭属性也具有差异性:前者单身、已婚无小孩和扩展家庭的比例稍高,而后者核心家庭的比例更高。说明有小孩的核心家庭由于家庭责任和时间压力更大,更倾向于选择汽车出行。这两类居民中都没有非双职工家庭的居民。家庭责任优先居民中已婚有小孩双职工核心家庭的比例最高,达到51.4%,而没有单身居民,说明有小孩但是没有外来的帮助(例如退休的父母)使得居民需要花费更多的时间在家务活动上。规律出行居民和外出爱好居民中来自非双职工家庭的比例更高,而比较这两类家庭,前者中单身和扩展家庭的比例稍低,而已婚无小孩和已婚有小孩双职工核心家庭的比例更高。

从具体的社会经济属性看,城市通勤居民和规律出行居民中在当前社区居住年限在 10 年以上的比例更高,特别是规律出行居民,达到 37.5%。从家庭规模和是否有 16 岁以下小孩来看,家庭责任优先居民中有小孩的三口之家的比例更高,汽车依赖居民和外出爱好居民其次,城市通勤居民和规律出行居民中 4 人以上的大家庭比例更高。从汽车数量看,城市通勤居民家庭拥有汽车的比例最低,而汽车依赖居民和家庭责任优先居民的汽车拥有量高,推测可能这两类分别代表了高收入家庭的男性和女性。从住房产权看,规律出行居民租房的比例更低,这与他们居住年限更久是基本吻合的,而家庭责任优先居民的租房比例最高,这可能是由于上地—清河地区有上地实验小学、一零一中学等学校的学区房,一些有小孩的家庭选择在这里租房方便孩子上学。

表 8-4　家庭类型与生活方式类型

		城市通勤居民（%）	汽车依赖居民（%）	家庭责任优先居民（%）	规律出行居民（%）	外出爱好居民（%）	卡方检验 P 值
家庭类型	单身	10.0	7.1	—	8.2	12.2	0.085
	已婚无小孩	43.3	39.3	25.7	42.9	34.7	—
	已婚有小孩非双职工家庭	—	—	2.9	6.1	6.1	—
	已婚有小孩双职工核心家庭	23.3	35.7	51.4	32.7	22.4	—
	已婚有小孩双职工扩展家庭	23.3	17.9	20.0	10.2	24.5	—
居住年限	小于1年	14.3	12.7	2.9	8.3	10.6	0.088
	1—5年	28.6	32.7	54.3	25.0	23.4	—
	5—10年	26.8	34.5	31.4	29.2	40.4	—
	大于10年	30.4	20.0	11.4	37.5	25.5	—
家庭规模	1人	3.3	—	2.9	—	4.1	0.139
	2人	31.7	32.1	5.7	25.5	22.4	—
	3人	35.0	48.2	60.0	44.7	53.1	—
	4人以上	30.0	19.6	31.4	29.8	20.4	—
家庭汽车数量	0辆	60.0	19.6	17.1	46.9	34.7	0.000
	1辆	35.0	69.6	68.6	46.9	55.1	—
	2辆	5.0	10.7	14.3	6.1	10.2	—
住房产权	租房	12.3	14.3	20.0	8.2	14.3	0.626
	买房	87.7	85.7	80.0	91.8	85.7	—
16岁以下小孩	没有	53.3	46.4	25.7	51.0	46.9	0.107
	有	46.7	53.6	74.3	49.0	53.1	—

8.2.2　个体属性特征

　　表 8-5 比较了不同生活方式群体的个体社会经济属性。城市通勤居民以 30—39 岁为主，女性略多于男性，60% 居民月收入在 2 001—6 000元，没有汽车或者驾照的比例占 81.7%，职住距离比较长。汽车依赖居民则以男性为主，64.3% 拥有汽车和驾照，北京户口比例最高，职住距离最长。家庭责任优先居民以 30—39 岁已婚女性为主体，研究生及以上学历

表 8-5　个体属性与生活方式类型

		城市通勤居民（%）	汽车依赖居民（%）	家庭责任优先居民（%）	规律出行居民（%）	外出爱好居民（%）
年龄段	20—29 岁	21.7	17.9	8.6	22.4	26.5
	30—39 岁	48.3	58.9	65.7	42.9	42.9
	40—49 岁	20.0	14.3	20.0	30.6	18.4
	50 岁及以上	10.0	8.9	5.7	4.1	12.2
性别	男性	43.3	60.7	34.3	51.0	42.9
	女性	56.7	39.3	65.7	49.0	57.1
个人月收入	2 000 元以下	10.0	8.9	8.6	12.2	12.2
	2 001—4 000 元	35.0	35.7	31.4	38.8	49.0
	4 001—6 000 元	25.0	21.4	31.4	10.2	18.4
	6 000—10 000 元	25.0	21.4	17.1	22.4	14.3
	10 001—15 000 元	3.3	5.4	11.4	6.1	—
	15 000 元以上	1.7	7.1	—	10.2	6.1
教育程度	高中及以下	11.7	12.5	11.50	16.30	14.20
	大专、本科	73.3	73.2	60.0	65.3	67.3
	研究生及以上	15.0	14.3	28.6	18.4	18.4
北京户口	无	16.7	7.1	11.4	14.3	18.4
	有	83.3	92.9	88.6	85.7	81.6
汽车使用者	是	18.3	64.3	65.7	26.5	51.0
	不是	81.7	35.7	34.3	73.5	49.0
职住距离（km）		9.186	10.987	4.654	6.246	6.465

的比例最高，职住距离最近。规律出行居民在五类群体中 40—49 岁比例较高，拥有住房产权比例高，但是收入和教育水平的组内差异大，男性多于女性。外出爱好居民最典型的特征是 20—29 岁比例略高，2 001—4 000元的中低收入比例较高，女性多于男性，北京户口比例略低。

　　生活方式群体也存在明显的职业类型差异（表 8-6）。城市通勤居民主要以交通运输、计算机服务和软件业及金融业为主，以办事人员为主体。汽车依赖居民主要以交通运输、计算机服务和软件业，居民服务和其他服务业以及科学研究、技术服务和地质勘察业为主，单位负责人和专业技术人员比例相对较高，以办事人员为主体。家庭责任优先居民以交通运输、计算机服务和软件业，公共管理和社会组织和教育行业为主，商业、服务业比例相对较高，以办事人员为主。规律出行居民以交通运输、计算机服务和软件业,居民服务和其他服务业为主,办事人员比例最高,没有商业、服务业人员。外出爱好居民以居民服务和其他服务业,交通运输、计算机服务和软件业以及卫生、社会保障和社会福利业为主,交通运输、计算机服务和软件业是五种类型中比例最低的,专业技术人员和商业、服务业人员比例相对高,以办事人员为主。

表 8-6 职业类型与生活方式类型

		城市通勤居民(%)	汽车依赖居民(%)	家庭责任优先居民(%)	规律出行居民(%)	外出爱好居民(%)
行业类型	采矿业	1.7	—	—	2.0	—
	制造业	3.3	7.1	5.7	6.1	8.2
	电力、燃气及水的生产和供应业	10.0	3.6	2.9	2.0	2.0
	建筑业	5.0	—	—	—	4.1
	仓储和邮政业	—	5.4	2.9	—	4.1
	交通运输、计算机服务和软件业	31.7	23.2	20.0	34.7	12.2
	信息传输、批发和零售业	3.3	5.4	8.6	2.0	8.2
	住宿和餐饮业	—	1.8	2.9	—	4.1
	金融业	10.0	3.6	—	—	2.0
	房地产业	—	—	5.7	—	—
	租赁和商务服务业	1.7	—	2.9	2.0	4.1
	科学研究、技术服务和地质勘察业	6.7	10.7	2.9	6.1	2.0
	居民服务和其他服务业	5.0	17.9	11.4	26.5	18.4
	教育	8.3	5.4	11.4	2.0	8.2
	卫生、社会保障和社会福利业	8.3	5.4	5.7	6.1	12.2
	文化、体育和娱乐业	1.7	1.8	5.7	6.1	2.0
	公共管理和社会组织	3.3	8.9	11.4	4.1	8.2
职业类型	国家机关、党群组织、企业、事业单位负责人	—	3.6	2.9	2.0	—
	专业技术人员	11.7	14.5	11.4	8.2	16.3
	办事人员和有关人员	83.3	80.0	74.3	89.8	71.4
	商业、服务业人员	5.0	1.8	11.4	—	12.2

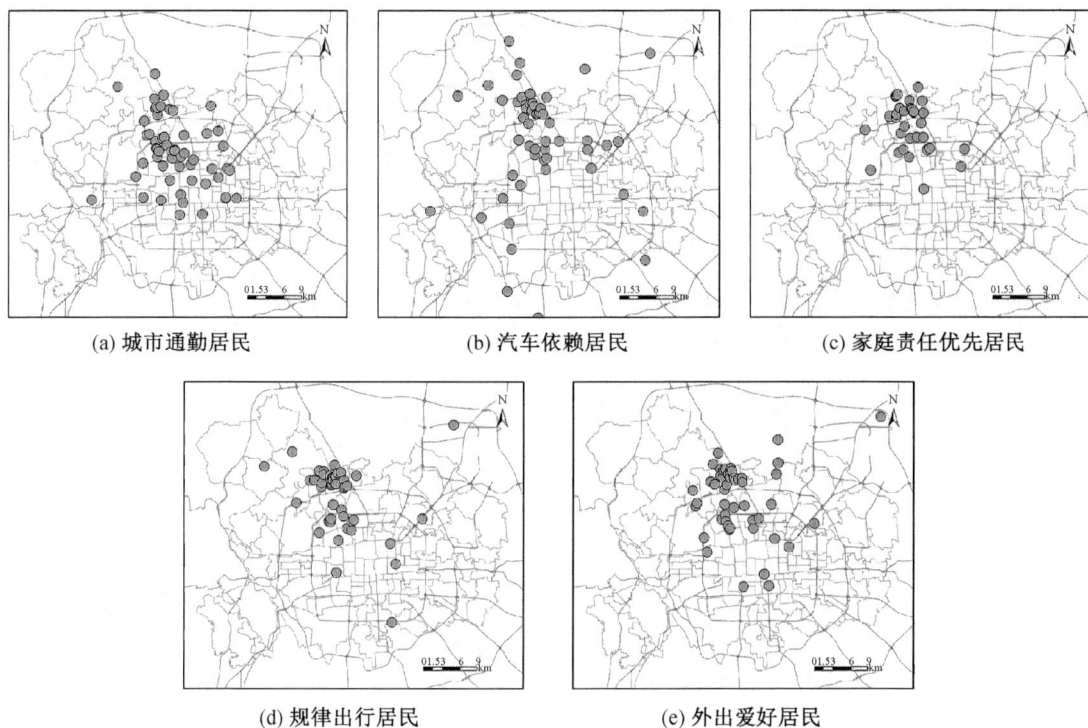

(a) 城市通勤居民   (b) 汽车依赖居民   (c) 家庭责任优先居民

(d) 规律出行居民   (e) 外出爱好居民

图 8-1　工作地分布与生活方式类型

8.2.3　职住空间特征

从个体职住关系看,不同生活方式群体的工作地分布具有差异(图 8-1)。城市通勤居民的工作地主要集中在城市中心区,特别是在中关村地区有大量集聚,另外在地铁沿线、城市中心的主要就业中心[如金融街、中央商务区(CBD)]都有分布,表现出明显的由郊区向城市中心通勤的特征。汽车依赖居民的特征是向郊区地域通勤比例更高,在南部和北部郊区也有就业,主要的特征是就业地沿快速路网分布。家庭责任优先居民表现出明显的本地和相邻郊区地域就业倾向,这主要是由于家庭责任的制约作用。规律出行居民和外出爱好居民表现出本地就业和中关村附近就业两个主要的趋势,但也有少量居民在城市中心工作。

比较不同生活方式居民工作地周边的设施状况也会发现他们的工作地选择具有显著差异(表 8-7)。汽车依赖居民工作地离地铁站的距离最远,而城市通勤居民最近。从设施密度上看,城市通勤居民工作地周边的设施配置最好,家庭责任优先居民和外出爱好居民其次,汽车依赖居民最差。从路网条件来说,汽车依赖居民工作地周边低级道路长度最低而快速路长度最高。

8.2.4　社会经济特征小结

总结以上特征,不同生活方式群体之间在社会经济属性上存在一定的

表 8-7 工作地建成环境与生活方式类型

	城市通勤居民	汽车依赖居民	家庭责任优先居民	规律出行居民	外出爱好居民	卡方检验 P 值
到最近地铁站的距离(km)	1.45	2.54	1.87	2.12	1.83	0.002
餐饮设施密度(个/km²)	34.18	18.31	24.95	22.58	25.59	0.000
公共设施密度(个/km²)	20.50	10.57	13.84	12.10	13.90	0.000
休闲设施密度(个/km²)	7.81	5.18	5.68	5.16	6.05	0.001
零售设施密度(个/km²)	9.37	6.22	8.12	6.93	7.87	0.006
低级道路长度(km)	20.58	16.27	19.22	17.86	19.36	0.027
快速路长度(km)	1.69	2.79	1.89	1.60	1.64	0.148

差异。总结如下：

城市通勤居民：城市中心就业的交通运输、计算机服务和软件业与金融业职工为主，主要为高学历、已婚、没有买车或者没有驾照的中等收入群体。

汽车依赖居民：城市郊区就业的交通运输、计算机服务和软件业与服务业职工为主，主要为高学历、有北京户口、已婚、家庭拥有汽车比例高的中高收入男性群体。

家庭责任优先居民：本地就业的交通运输、计算机服务和软件业与服务业职工为主，主要为高学历、已婚、有小孩、家庭拥有汽车比例高的核心家庭中高收入女性群体。

规律出行居民：主要以本地就业的居住时间较长的郊区居民为主，在年龄、学历、收入方面包括两类人群，一类是高学历年轻交通运输、计算机服务和软件业的居民，另一类是较低学历中年单位居民，大部分居民不是汽车使用者。

外出爱好居民：就近就业的年轻中低收入居民为主，外地人比例高。

8.3 生活方式群体的活动—移动模式特征

8.3.1 时空路径

首先，比较不同生活方式群体在时空路径上的差异，时空路径体现了居民整日活动与出行的特征，能够全面展现居民的行为模式。

从图 8-2 时空路径看，城市通勤居民工作日的主要特征是向城市中心通勤，而且个体差异较小，早晨较早出门，工作时间比较长，整个白天几乎都在城市中心区，晚上回家后的外出活动较少。而休息日，这类居民以在家附近活动为主，时空路径较为收缩，仅少量居民有半天左右到城市中心或者西北近郊的外出活动。

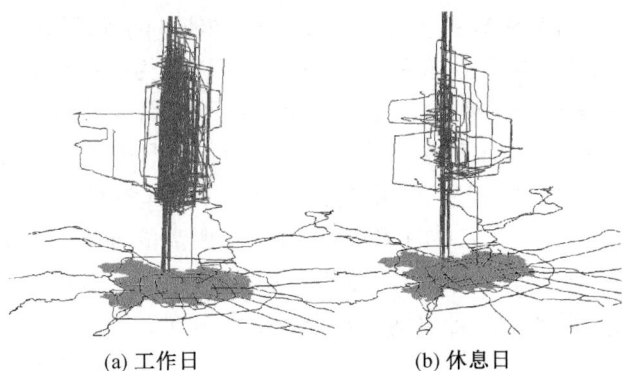

图 8-2 城市通勤
居民时空路径
特征

(a) 工作日　　　　(b) 休息日

从图 8-3 时空路径看,汽车依赖居民工作日的时空路径更加延展且更具个性化,说明拥有和使用汽车确实增加了个体间的行为差异。这类居民的时空路径主要是从上地—清河地区到其他郊区,不同个体在早晨出发时间和晚上回家时间有较大差异。休息日,这类居民也有一部分在家附近活动,但是外出的比例更高,相比于城市通勤居民,出行的距离更远。

从图 8-4 时空路径看,家庭责任优先居民工作日的时空路径最为收缩,几乎围绕在家周边,相比于前两类,家庭责任优先居民晚上回家更早而且回家后的外出活动较少。休息日,这类居民也几乎以在家内活动为主,外出活动主要以家附近为主,在下午或晚上有少量远距离出行。

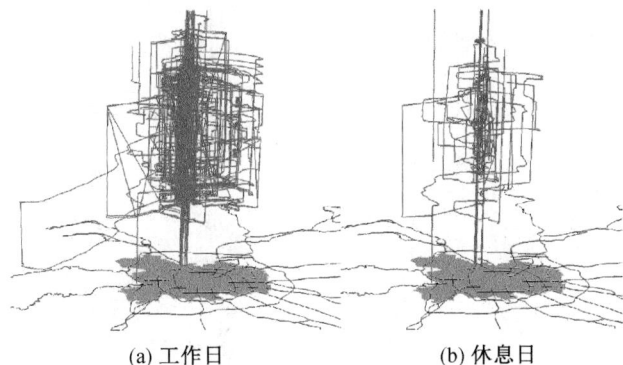

图 8-3 汽车依赖
居民时空路径
特征

(a) 工作日　　　　(b) 休息日

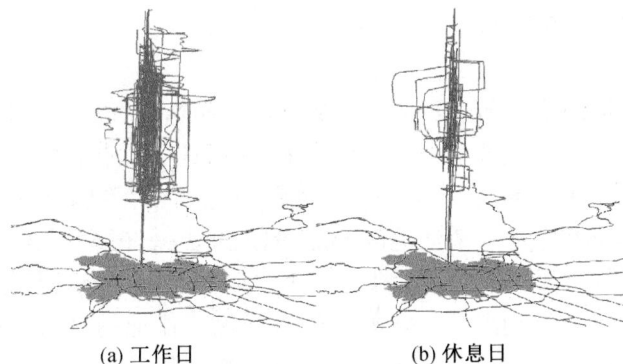

图 8-4 家庭责任
优先居民时空路
径特征

(a) 工作日　　　　(b) 休息日

从图 8-5 时空路径看,规律出行居民工作日时空路径大多数集中在家附近,呈现收缩态势,但也有一小部分人呈现以家为中心向外扩展的特征。从时间上看,这类居民晚上下班回家较早且回家后外出少。休息日,这类居民的外出活动也比较集中于家周边,且短时间外出较多。

从图 8-6 时空路径看,外出爱好居民工作日时空路径破碎化程度更高,更多的居民在一天之中有多次短时间、短距离的外出活动,晚上的外出活动也多于其他群体。休息日,该类居民依旧有比较活跃的出行,向城市中心以及家附近区域的外出活动在全天都有分布。

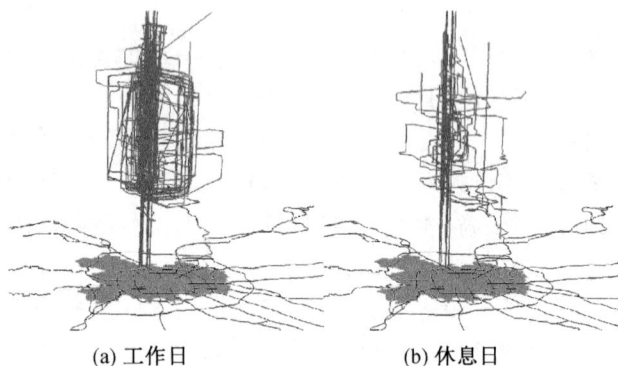

图 8-5 规律出行居民时空路径特征

(a) 工作日　　　　　　(b) 休息日

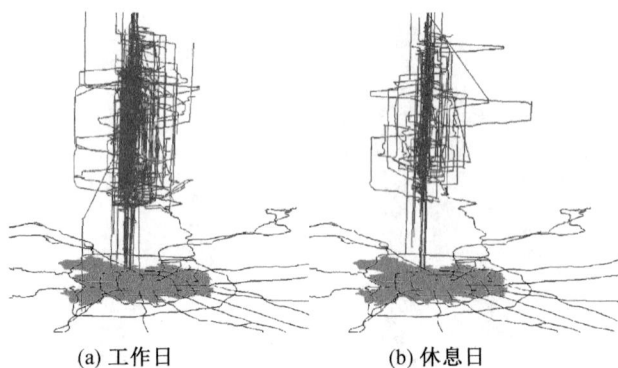

图 8-6 外出爱好居民时空路径特征

(a) 工作日　　　　　　(b) 休息日

8.3.2 活动点密度

选取不同时点分析居民活动点的空间分布情况,以分析居民与城市空间的互动关系。首先选取早上 6 点作为参照,这个时点居民一般在家进行睡眠、洗漱、吃饭等活动。如图 8-7 所示,早上 6 点不同生活方式群体的活动分布基本都在上地—清河地区内部,但是外出爱好居民已经有部分开始到上地—清河之外活动。然后每 3 小时选择一个时间点进行分析。

早上 9 点的活动点分布基本可代表居民工作地的分布情况。对比居民工作地分布图(图 8-1)可以看出,9 点大部分居民已经到工作地开始工

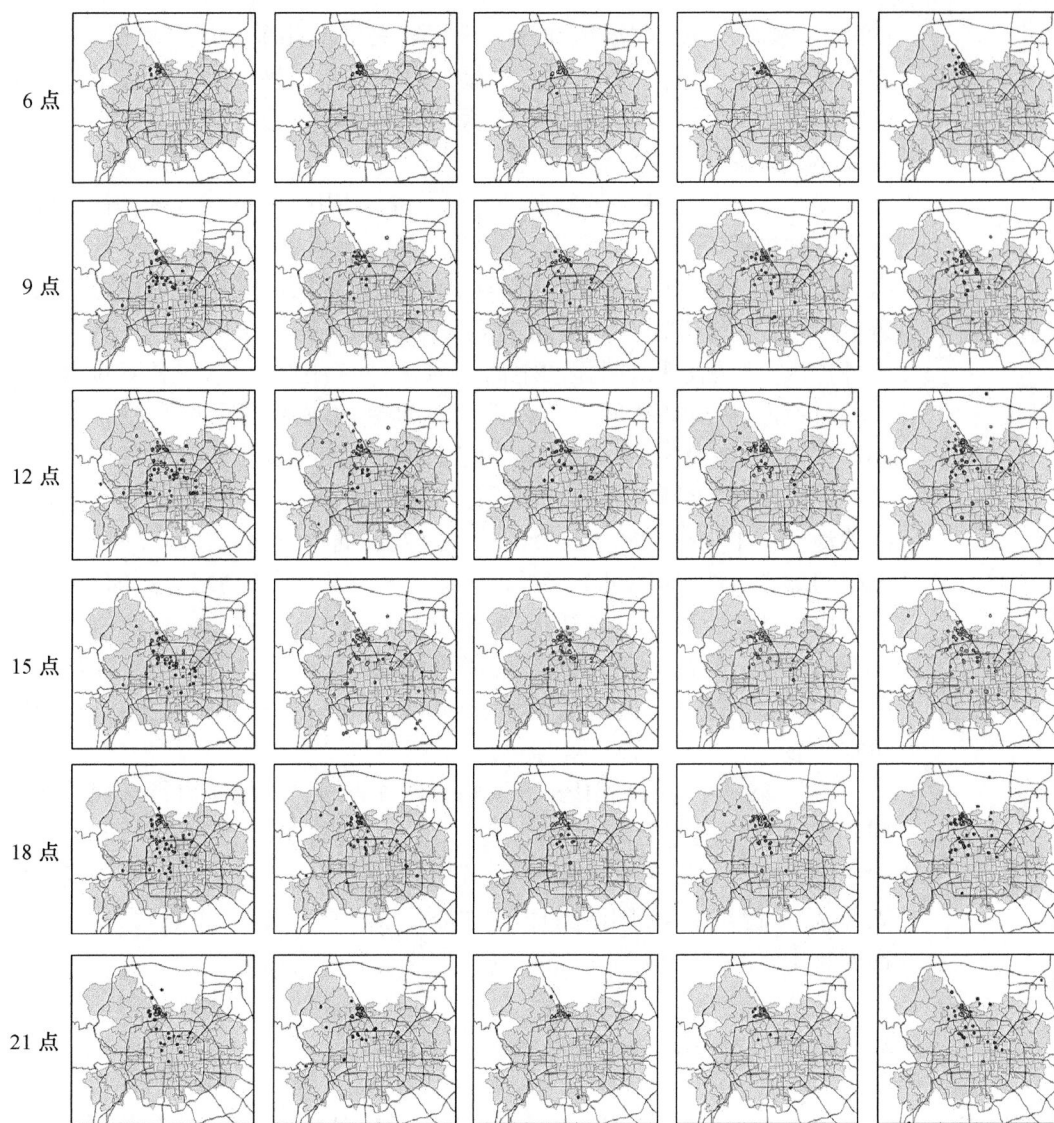

作,但是汽车依赖居民依旧有很大比例在路上,说明这类居民中有一部分
属于弹性工作时间的人,工作开始时间较晚。中午 12 点、下午 15 点的活
动分布情况基本与上午 9 点的活动分布情况相同,大部分居民都在工作地
附近进行活动。

下午 18 点,城市通勤居民的活动热点开始向家集中,但是依旧有很大
部分居民在城市中心区,可能是这些居民会选择在回家的路上进行外出就
餐等以避开晚高峰;汽车依赖居民已经有一大部分回到家附近,特别是远
郊就业的居民,说明这类居民具有晚出早归的特点,而且由于长距离通勤
他们比较少在离家远的地方进行非工作活动;家庭责任优先居民几乎已经
回到家,说明家庭责任限制了他们外出进行非工作活动;规律出行居民的
空间分布也开始向家附近收缩;外出爱好居民依旧有很大比例在城市中心
区内活动,这可能与这类居民晚上非工作活动较多的特征有关。到 21 点

图 8-7 生活方式
类型与工作日活
动密度(左至右依
次:城市通勤居民、
汽车依赖居民、家庭
责任优先居民、规律
出行居民、外出爱好
居民)

的时候,家庭责任优先居民和规律出行居民已经几乎全部在家附近,活动空间分布与早上 6 点类似;城市通勤居民和汽车依赖居民依旧有一些在工作地附近;外出爱好居民依旧有很大比例在城市中心区活动,在中关村、东直门等地区形成几个集聚中心。

图 8-8 比较了休息日的活动空间分布。相比于工作日,休息日居民的外出时间推迟,早上 6 点和 9 点的活动点分布基本一致,大部分居民都在家附近进行活动,部分规律出行居民和外出爱好居民开始有上地—清河之外的活动。中午 12 点,城市通勤居民的活动空间分布向上地—清河地区之外扩散,但是表现出明显的距离衰减,主要集中在上地—清河周边以及中关村地区,极少数在城市西边进行活动;汽车依赖居民也开始有外出活动,主要在昌平地区、中关村地区和西单附近;家庭责任优先居民和规律出行居民以家附近活动为主;外出爱好居民的活动空间向城市中心北四环附近移动。下午 15 点,城市通勤居民活动空间向家收缩,比较 12 点与 15 点的空间分布,这类居民可能以外出就餐类活动为主,活动之后回家;汽车依赖居民的活动空间进一步外扩,向远郊和城市中心扩展;家庭责任优先居民开始有部分外出活动,主要在近郊区域,但是比例依旧很低;规律出行居民的活动空间进一步向家附近收缩;而外出爱好居民在中关村附近的集聚更加明显。

下午 18 点,城市通勤居民、家庭责任优先居民和规律出行居民几乎都回到家附近;汽车依赖居民相比下午 15 点,远郊出行人数减少,但是城市中心区西南方向活动的人数增加;外出爱好居民在城市中心区东面活动的人数减少,但是中关村附近的集聚中心依旧存在。晚上 21 点,大部分居民回到家中,仅外出爱好居民依旧在城市中心区进行活动。

8.3.3　非工作活动时空分布特征

比较不同生活方式群体工作日非工作家外活动的距家距离,如图 8-9 所示,横轴代表 0:00—24:00 时的时间,纵轴代表距家距离(单位为 km),圆圈大小代表活动持续时间。从总体上看,郊区居民工作日的非工作活动受到工作活动的制约,主要都集中在早上 9 点前、中午 12 点左右和晚上下班后。比较发现,城市通勤居民在工作日的远距离非工作活动很少,大部分活动集中在 0—15 km 以内;从时空关系上,上午的非工作活动主要在 8 点左右,大部分集中在 1—10 km 内,以短时间的就餐活动为主,可能是由于这类居民会选择在公交换乘站或者工作地附近吃早点;中午的非工作活动最多,主要在 12 点左右,在空间上集中在 5—10 km 和 15 km 左右,活动类型主要以外出就餐为主,也有少量休闲和购物活动;晚上的非工作活动主要集中在 17—19 点之间,以距家 10 km 左右的休闲和家附近的就餐活动为主。另外,这类居民工作日的购物活动很少。汽车依赖居民的活动空间更为开阔,在 30 km 左右依旧有少量非工作活动。从时空分布看,居民早

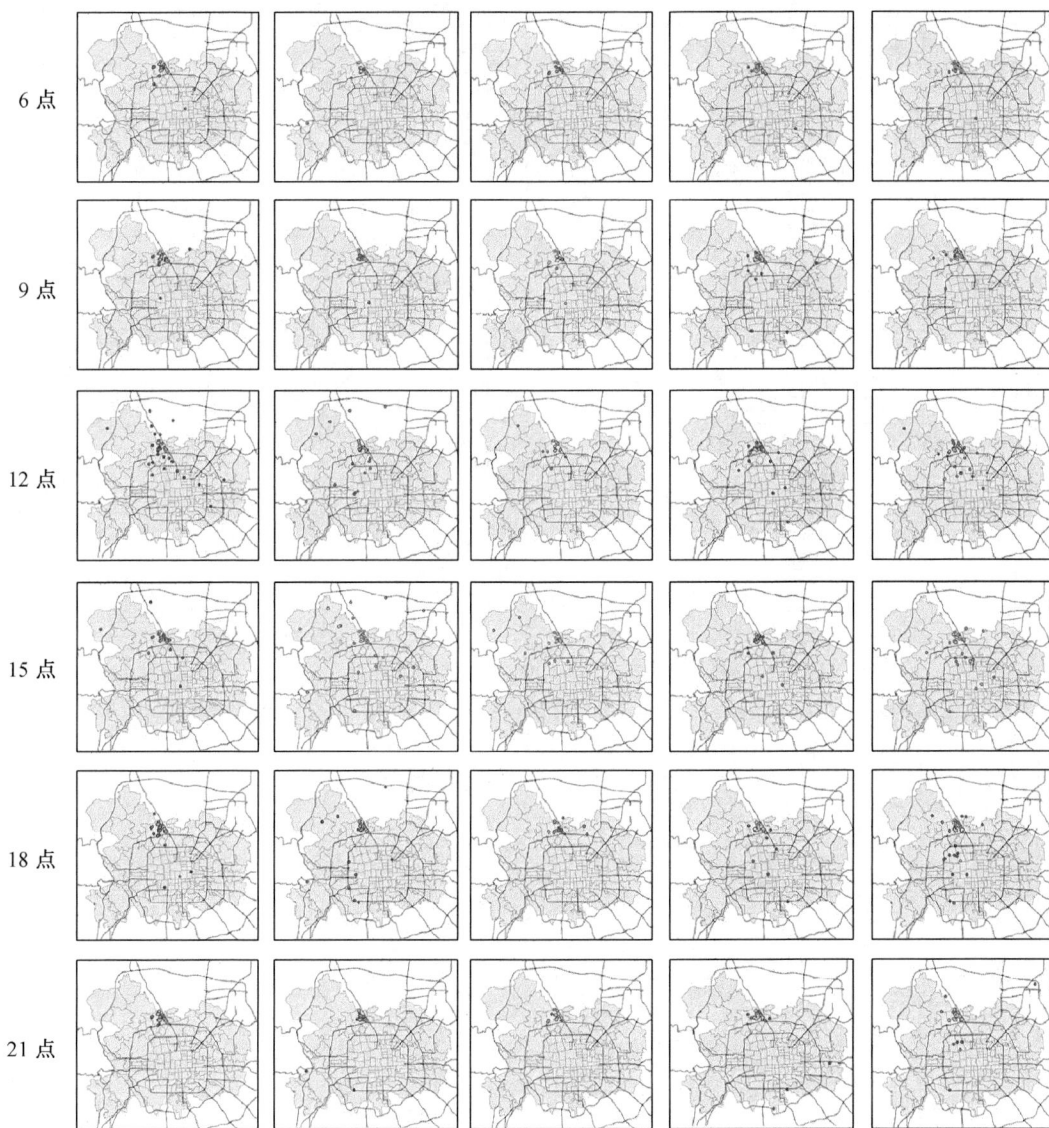

图8-8 生活方式类型与休息日活动密度（左至右依次：城市通勤居民、汽车依赖居民、家庭责任优先居民、规律出行居民、外出爱好居民）

上的非工作活动较少，主要在 9 点左右有一些就餐活动；中午与城市通勤居民类似，在 12 点左右有就餐活动的集聚，但是也有一些居民选择在这个时间进行购物和其他非工作活动；晚上的非工作活动在 18 点左右，包括 8 km 左右和 2 km 以内两个集聚中心，活动类型包括就餐、购物和休闲等多种类型。家庭责任优先居民的非工作活动离家距离更近，这与他们工作地的分布是密切相关的，主要集中在 15 km 以内；相比前两类居民，该类居民的非工作活动更少，在时空分布上表现为上午有少量的持续时间较长的活动、中午有少量外出就餐活动和购物活动、晚上 18 点左右在家附近进行休闲和其他活动。规律出行居民的活动时空分布与城市通勤居民较为类似，但是整体上距离衰减的趋势更为明显，特别是晚上的非工作活动主要集中在家附近，以 17—19 点之间在家附近 2 km 内的休闲和就餐为主。外出爱好居民与其他

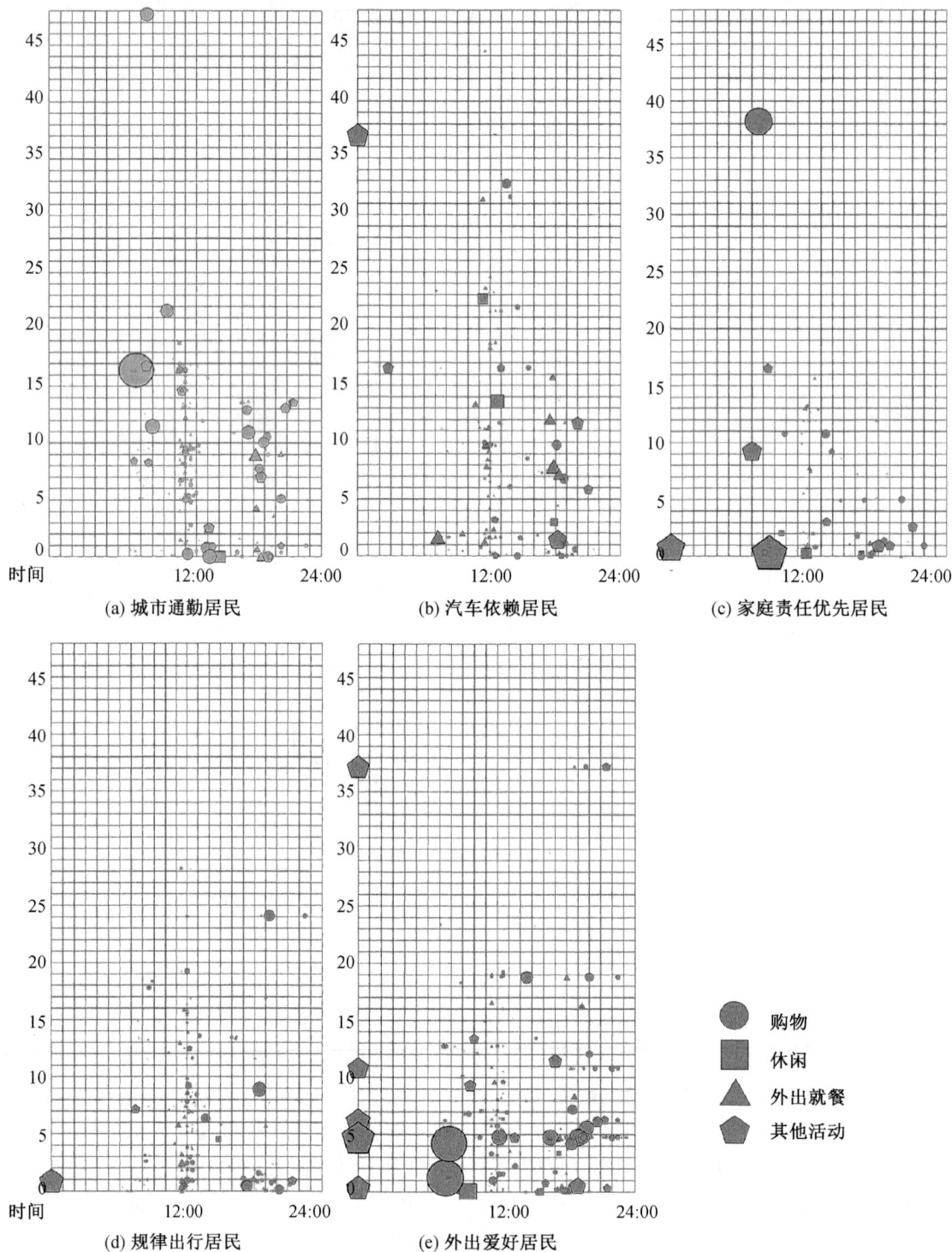

图例：
- 购物（圆形）
- 休闲（方形）
- 外出就餐（三角形）
- 其他活动（五边形）

(a) 城市通勤居民
(b) 汽车依赖居民
(c) 家庭责任优先居民
(d) 规律出行居民
(e) 外出爱好居民

图 8-9　生活方式类型与工作日非工作家外活动距家距离

类型居民的活动时空分布有较大差异①，表现为白天与工作时间重合的非

——————————

① 这类居民还有大量凌晨的非工作活动，主要是在就业地的睡眠，可能是由于加班而在工作地进行休息。

工作活动较多,上午 9—12 点之间有一些购物和其他活动;中午非工作活动的时间分布更加分散,在 11—13 点之间都有分布;晚上的非工作活动开始较早,从 16 点开始就有一些居民进行购物和休闲活动并且一直到晚上 22 点以后。

休息日,郊区居民的日常生活空间更加分散,距家 20 km 以上的活动增加,同时单个活动持续时间延长(图 8-10)。城市通勤居民有三个主要的空间分布,包括 3 km 以内、7 km 左右和 15 km 左右,活动内容以休闲和购物为主;从时间上看,远距离非工作活动以上午 10 点左右开始为主,中午有少量外出就餐,下午的非工作活动主要是家附近 2 km 以内的休闲和购物,晚上几乎没有家外非工作活动。汽车依赖居民活动空间更加分散,主要集中点在家附近、5 km 左右和 15 km 左右,但也有一部分居民在距家 25 km 左右和 35 km 左右进行休闲、就餐和其他活动;从时间上看,非工作活动主要集中在上午 9 点到下午 15 点之间,晚上的非工作活动很少。家庭责任优先居民在休息日的非工作活动也相对较少,以 12 km 以内的休闲活动为主;相比前两类居民,具有离家晚的特点,主要集中在中午 12 点左右的 5—10 km 的休闲活动和下午的少量家附近 2 km 内的购物活动。规律出行居民活动空间的个体差异更大,在家附近形成一个 11—14 点的活动高峰区,在家 6 km 附近有一个 10—13 点的休闲集聚区,而其他时间也有少量非工作活动分布,但是空间相对分散;相比起其他类型,规律出行居民的非工作活动空间更加集中在家周边。外出爱好居民的非工作活动具有全天分散分布的特点,从上午 9 点到晚上 22 点都有居民在进行非工作活动,在家附近 2 km 内以休闲和购物为主,5 km 左右以休闲为主,10 km 左右以外出就餐和休闲为主,15 km 左右以购物为主。

8.3.4　出行时间

比较居民早晨首次出行的出发时间,发现不同生活方式群体在工作日的出发时间具有显著差异,卡方统计显著性为 0.074(表 8-8)。平均出发时间为早上 7:45,城市通勤居民和汽车依赖居民出行时间最早,而规律出行居民出发时间最晚。从 25%,50% 和 75% 分位数上看,城市通勤居民的出发时间整体较早,25% 的居民出发时间在 6:50 之前,当然也有 25% 左右的居民在 8:20 之后出门,说明城市通勤居民具有通过早出行或者晚出行避开早高峰的趋势。汽车依赖居民 25% 在 7:00 之前出门,80% 以上在 8:00 之前离开家去工作。而另外三类居民出行时间较晚,特别是规律出行居民,仅有 25% 在 7:30 之前出门,而 50% 以上的居民在 7:50 后出门,说明就近就业的趋势可以减少他们的通勤时间和推后出发时间。休息日,上午出行居民数量较少,但是对于有出行的居民来说,平均在 9:00 左右出门,其中规律出行居民和汽车依赖居民出发时间较早,而家庭责任优先居民出发时间最晚。比较工作日和休息日可以看出,由于工作活动的制约,大部

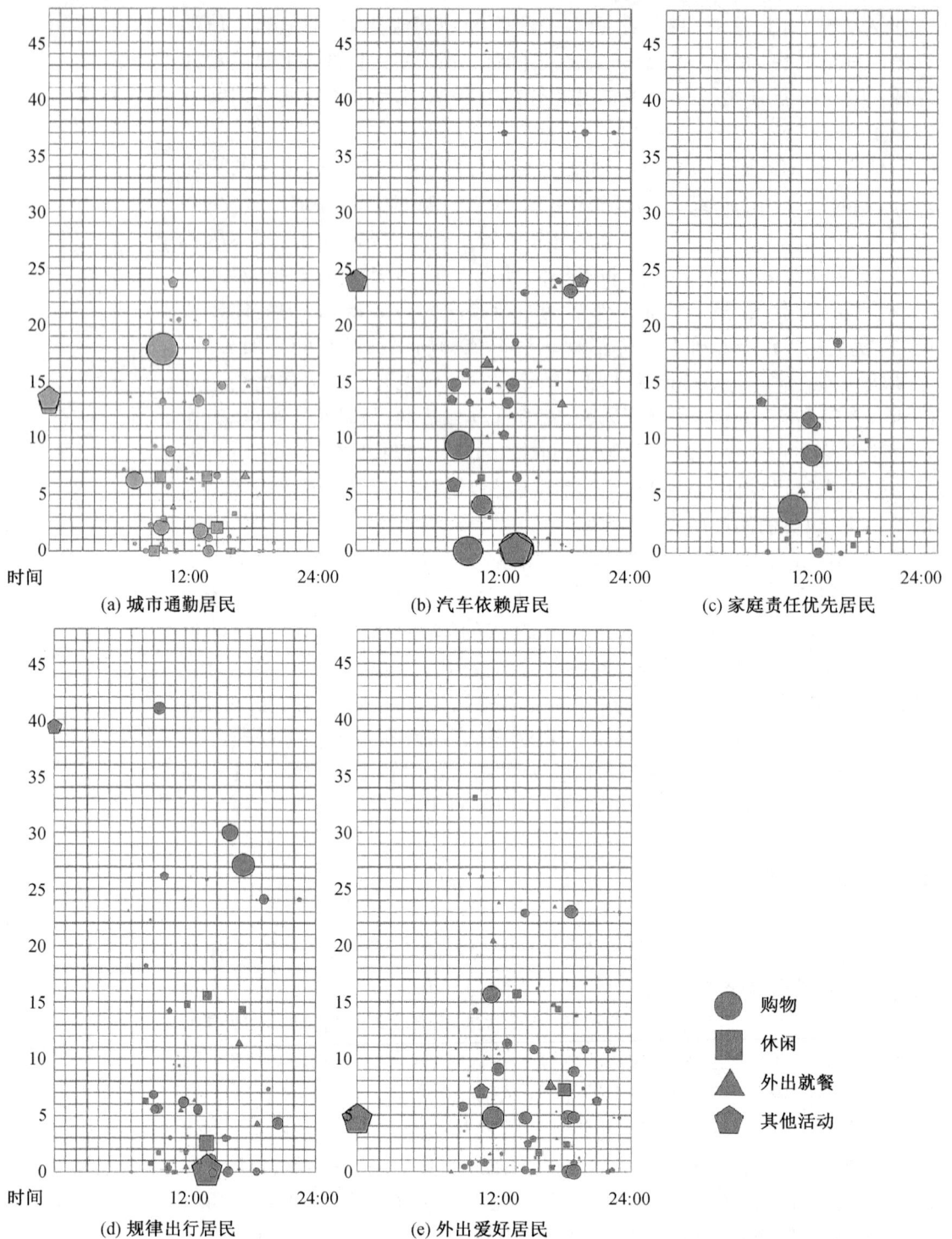

图 8-10　生活方式类型与休息日非工作家外活动距家距离

(a) 城市通勤居民

(b) 汽车依赖居民

(c) 家庭责任优先居民

(d) 规律出行居民

(e) 外出爱好居民

购物
休闲
外出就餐
其他活动

分居民工作日的出发时间较早，而休息日由于出行目的主要是非工作活动，考虑城市内部设施的营业时间，大部分居民的出行行为会推迟一小时以上。

表 8-9 比较了居民晚上到家时间，发现不同生活方式群体在到家时间上也具有显著差异，卡方统计显著性分别为 0.034 和 0.082。在工作日，居

表 8-8　生活方式类型与居民早晨首次出行出发时间

	工作日				休息日			
	平均值	25%	中位数	75%	平均值	25%	中位数	75%
城市通勤居民	7:34	6:50	7:27	8:17	8:45	7:56	8:32	9:48
汽车依赖居民	7:35	7:03	7:28	7:59	8:41	7:36	9:05	9:52
家庭责任优先居民	7:54	7:10	7:48	8:29	9:23	7:36	10:00	10:38
规律出行居民	7:59	7:30	7:50	8:30	8:39	7:57	8:58	9:45
外出爱好居民	7:54	7:14	7:48	8:36	9:11	8:21	9:20	9:50

表 8-9　生活方式类型与居民晚上到家时间

	工作日				休息日			
	平均值	25%	中位数	75%	平均值	25%	中位数	75%
城市通勤居民	19:02	18:23	19:16	20:11	16:39	14:21	17:17	18:30
汽车依赖居民	18:28	17:41	18:30	19:28	17:19	16:01	17:23	19:08
家庭责任优先居民	18:06	17:14	18:03	18:57	17:38	15:35	18:00	19:43
规律出行居民	18:55	18:07	18:42	19:46	16:36	14:43	16:20	18:15
外出爱好居民	18:44	17:33	18:36	19:50	18:11	15:35	17:58	20:57

民晚上到家的平均时间为 18:42,说明郊区居民整体具有回家晚的特征,
而这其中城市通勤居民和规律出行居民最为严重,分别为 19:02 和 18:55。
家庭责任优先居民回家最早,为 18:06,这可能是由于家庭责任对他们施
加了比较强的时空制约,他们需要赶回家为孩子做饭等。城市通勤居民、
规律出行居民和外出爱好居民有 25%左右在 20:00 依旧在家外活动,进一
步印证了图 8-7 中的特征,这些居民中有一些人在晚间加班或者从事非工
作活动。而休息日,居民晚上回家时间提前,平均值为 17:18,大部分居民
在晚饭之前回家。比较不同群体,城市通勤居民和规律出行居民回家时间
最早,而外出爱好居民回家时间最晚。

8.3.5　活动—移动模式特征小结

以上分析发现,不同生活方式群体在日常活动—移动模式上具有较大
的差异,从他们时空路径的延展程度、日常活动点空间分布、非工作活动的
时空密度以及出行时间总结各生活方式群体的活动—移动模式特征及其
与郊区空间、城市空间的关系。

城市通勤居民:时空路径在工作日具有城市中心指向的特征,早出、晚
归、向城市中心长距离公交通勤是这一群体的主要特征;其工作日的日常
生活受到工作活动的显著制约,非工作活动呈现白天在工作地、晚上在城

市中心与居住地的两极化倾向;休息日的日常活动以家为圆心向四周距离衰减分布,但是基本集中在 5 km 以内的近郊和城市中心边缘,在时间上具有早出早归的特点。家周边的郊区空间为他们在工作日晚间和休息日白天提供必要的生活设施,主要的使用目的为购物和休闲。城市空间是他们的就业空间,由于比较熟悉,也成为他们日常生活空间的重要组成部分。

汽车依赖居民:时空路径在工作日具有本地指向和远郊指向的特征,就业空间分布更加灵活多样,早出、早归、向远郊长距离汽车通勤是这一群体的主要特征;其工作日的日常活动也受到工作活动的显著制约;休息日的日常活动向城市郊区(特别是远郊)扩散,在时间上具有早出晚归的特点。家周边的郊区空间在工作日晚间为其提供必要的生活设施,主要的使用目的为就餐与其他非工作活动。城市空间主要在工作日晚间和休息日白天为他们提供了生活设施。

家庭责任优先居民:时空路径在工作日具有本地指向的特征,就业空间与日常生活空间重合,晚出、早归、近距离通勤是这一群体的主要特征;其工作日的日常活动受到工作和家庭责任的双重制约,非工作活动少且集中在家附近,以其他非工作活动(家务、个人事务、联络等)为主;休息日的日常活动以家为圆心向四周距离衰减分布,但是基本集中在 5 km 以内的近郊和城市中心边缘,在时间上以中午左右为主,具有晚出早归的特点。家周边的郊区空间既是他们的就业空间,也在工作日中午和晚间为其提供必要的生活设施,主要的使用目的是其他非工作活动。城市空间主要在休息日白天为他们提供了生活设施,用于休闲和购物。

规律出行居民:时空路径在工作日具有本地和侧向通勤指向的特征,就业空间以本地和临近的中关村地区为主,晚出、晚归、近距离非机动通勤是这一群体的主要特征;其工作日的日常活动受到工作活动的显著制约,以就餐和休闲为主;休息日的日常活动具有家附近集聚和远距离分散化特点,在时间上具有早出早归的特征。家周边的郊区空间在工作日晚间和休息日白天为其提供必要的生活设施,使用目的比较多样,工作日以休闲、就餐为主,休息日以购物为主。城市空间主要在休息日白天为他们提供了生活设施,而在工作日城市中心区边缘作为其就业空间。

外出爱好居民:时空路径在工作日具有本地和城市空间边缘指向的特征,就业空间以本地和临近的中关村地区为主,晚出、晚归、白天多次出行是这一群体的主要特征;其工作日的日常活动受工作活动制约的特征不明显,全天的短时段非工作活动突出,非工作活动呈现随时间推移向家附近收缩的特征;休息日的日常活动具有时间和空间散布的特征,全天多时段、多次非工作活动特征明显,具有晚出晚归的特点。家周边的郊区空间为其提供了一部分的非工作活动设施,但整体上看在其一天的活动中占据的比例较低。城市空间主要是为其提供了就业空间与大部分的生活设施。

8.4 小结

8.4.1 郊区空间的日常生活功能需要加强

本章使用时空行为指标划分了五类郊区生活方式群体,包括城市通勤居民、汽车依赖居民、家庭责任优先居民、规律出行居民和外出爱好居民,并通过活动—移动模式分析发现不同生活方式群体之间在与城市空间、郊区空间的关系上具有显著差异。本章研究表明,郊区空间为不同郊区居民的日常生活提供了差异化的基础条件和时空制约。

郊区空间对于郊区居民的主要意义是承担了一部分的就业空间职能和基础生活空间职能。比较不同群体的差异可以发现,郊区为家庭责任优先居民和外出爱好居民提供了部分就业职能,为城市通勤居民、规律出行居民提供了休息日的生活设施,为城市通勤居民、汽车依赖居民和家庭责任优先居民提供了工作日晚间的生活设施。总体来看,移动性高、收入高、时间充裕的居民倾向于选择城市中心而不是郊区空间进行日常活动,郊区未能为这些群体提供其需要的生活设施。而且,作为基础日常生活空间来说,不同群体对于郊区空间的利用率都相对较低,导致非工作活动较少,在郊区空间的活动持续时间较低,说明郊区未能实现建立完整的日常生活圈的职能功能。

8.4.2 城市空间对郊区居民依旧具有重要的意义

通过不同生活方式群体与城市空间的关系的分析,发现城市空间对于郊区居民的日常生活依旧具有重要的意义,但是对于不同群体的作用有显著差异。城市空间为城市通勤居民、规律出行居民和外出爱好居民提供了就业岗位,为城市通勤居民、汽车依赖居民和外出爱好居民提供了工作日晚间的生活设施,为城市通勤居民、家庭责任优先居民、规律出行居民和外出爱好居民提供了休息日的生活设施。总体来看,城市空间依旧承载着提供郊区居民就业和方便居民生活的任务,特别是移动性高、收入高、时间充裕的年轻居民更愿意在休息日到城市中活动。

从城市职能分工上看,郊区空间的主要职能在于分散市中心人口、就业、交通等压力,因此需要降低郊区居民对城市空间的依赖性,实现其生活空间的郊区化。由以上分析发现,郊区居民对城区空间的依赖受到就业地空间位置和社区建成环境这些客观因素的影响,也受到主观的自我选择的影响。城市空间在一定程度上解决了郊区的就业问题,并承担了休息日的扩展生活圈的职能。对于郊区居民来说,郊区空间的最首要任务是构建本地的基础生活圈,承担居民日常必需的就餐、低级购物与日常休闲功能,以减少居民在工作日对于城市空间的依赖性。规划部门需要对郊区空间的规划进行反思和调整,加强郊区新城休闲和商业中心的建设,发展郊区生活性服务业,使居民的日常生活空间逐渐向新城转移。

8.4.3 中国城市郊区居民生活方式具有独特性

已有生活方式类型研究主要集中在美国、新加坡、香港等发达国家和地区。例如,克里泽克和沃德尔(Krizek et al.,2002)发展了一个家庭生活方式的框架,构建了出行行为、活动频率、汽车所有权和城市形态四个家庭决策维度,通过在美国的实证区分了9类生活方式,即退休者、单身繁忙的城市居民、老年居家男性、高收入城市居民、公交使用者、郊区通勤者、家庭和活动导向者、郊区双职工家庭、远郊家庭通勤者;克里泽克(Krizek,2006)又基于出行属性、活动时长和邻里特征构建区分了7类生活方式群体,即步行或者公交通勤者、使用步行或者公交的城市居民、使用步行和公交的城市出行者、自由时间多的郊区居民、高比例维持性活动和居家活动的郊区居民、郊区居民、城市居民;林宏志等(Lin et al.,2009)使用2002年香港出行调查数据,按照社会经济特征、日常活动特征、出行特征和邻里特征分类,发现了6类生活方式群体,即家周边活动的人、照料家庭的人、自由活动参与者、城市出行者、规则出行者、高收入居民。

比较中西方城市居民在生活方式上的异同。首先,中西方城市都存在不同交通方式所代表的生活方式差异性。交通方式的选择既受到交通状况、个体收入、偏好等因素的影响,又导致了个体在城市生活参与中的差异。无论对于中国城市还是西方城市,随着机动化的发展,交通方式选择都代表了个人对于自我生活方式的诉求以及受到的经济条件制约,因而成为划分生活方式的重要依据。其次,中西方城市都存在以家庭为中心的生活方式类型。西方城市一般认为兼职就业或没有正式就业的女性是家庭照料的主体,代表了家庭责任优先的一类生活方式。而中国城市在转型中也逐渐出现了男女在家庭责任分工上的差异,女性越来越多地回归家庭、承担主要的照料责任,并开始在城市中作为一种主要的生活方式类型出现。再次,西方城市中郊区和城市居民具有比较大的差异,郊区居民往往代表了长距离通勤、回家后很少出门的行为模式,而在我们的研究中发现,郊区依旧有很大一部分的居民过着职住接近的本地化生活,体现了中国城市空间发展的特点。最后,西方城市中有典型的自由活动为主的生活方式,而在本书的研究中并没有发现这一类型。一方面,西方城市中有大量兼职就业或全职在家的居民,而在中国城市双职工家庭依旧是主流家庭类型。另一方面,发达国家已经进入到追求生活质量和休闲生活的时期,居民的工作时间大大缩短,而中国城市居民依旧面临较大的工作压力,尤其是对于上地—清河这种新兴郊区地域,中青年为主的年龄结构决定了居民普遍的工作时间较长。

8.4.4　生活方式差异提供了一个划分居民类型的视角

从空间行为的视角,学者关注怎样通过行为研究深入认识个体行为模式,从而解释和引导个体行为向可持续性方面发展。对于个体行为模式的群体分析可以从两个方面进行,一是从社会经济属性入手,分析不同社会经济群体的行为模式,二是从行为本身入手,分析具有相同行为模式的群体特征。而随着城市转型深入,即使是相同社会经济属性的个体也会面临不同选择和制约,导致同一群体内部的差异开始增加,例如女性内部的差异、同一收入阶层内部的差异、同一社区内部居民的差异。而基于时空行为的生活方式聚类分析强调从行为角度对居民进行划分,将具有相同行为模式的群体进行归类,从而为交通与空间规划提供了需求分析的基础。

将不同生活方式群体的社会经济属性进行分析,发现:①相比于单位社区,商品房和保障性住房居民的生活方式更加单一,说明生活方式群体可能反映了居民的住房可支付性和自选择性。随着住房改革的深入,未来社区居民的时空行为模式将更加趋于同质化。②相似就业模式和职住关系的居民生活方式较为具有同质性,说明就业导向是居民进行日常时空行为决策的重要考虑因素,在日常行为的分析中应重视就业地对于居民日常行为的影响。在空间规划中,引导居民生活方式的转型需要考虑就业中心的专业职能与空间分布。③从社会经济属性来说,年龄、性别、汽车所有权、家庭类型等是影响居民生活方式类型的重要因素,说明中国城市居民的生活方式选择已经开始具有群体化的特征,细分不同群体进行分析是未来生活方式研究的重要方向。

本章参考文献

Lin H, Lo H, Chen X. 2009. Lifestyle classifications with and without activity-travel patterns[J]. Transportation Research Part A, 43(6):626-638.

Krizek K, Waddell P. 2002. Analysis of lifestyle choices: neighborhood type, travel patterns, and activity participation[J]. Transportation Research Record: Journal of the Transportation Research Board, 1807:119-128.

Krizek K. 2006. Lifestyles, residential location decisions, and pedestrian and transit activity[J]. Journal of the Transportation Research Board(1981):171-178.

Scheiner J, Kasper B. 2003. Lifestyles, choice of housing location and daily mobility: the lifestyle approach in the context of spatial mobility and planning[J]. International Social Science Journal, 55(176):319-332.

9 时空行为与郊区生活方式研究的未来

9.1 时空行为视角的生活方式研究创新

当今城市社会的多样性在不断增强,个体之间的差异不仅仅体现在社会与经济地位的差别上,更来自文化、自我风格与价值导向的选择。正如过去几十年学者们所倡导的,一种新型的基于生活方式的群体差异已经出现,并带来了新的社会不平等。生活方式的概念从诞生之日开始就具有社会地位、社会公平的意义,代表了社会精英与有闲阶级对其符号化生活模式的定义,也表现了不同社会阶层的"隔离与鸿沟"。具有相同生活方式的人,更有可能展现相似的消费倾向、行为模式、社会网络等,从而将他们的生活方式与符号消费、身份认同紧紧地联系在一起。这些由生活方式构成的亚文化群体丰富了社会多样性的同时,也对城市规划与管理提出了多元的要求。我们会发现促进绿色出行的方案并不总是尽如人意,社区规划的千人指标越来越不能满足不同社区的需求,交通政策的实施带来了不同群体的差异化响应,等等。而这些意想不到的结果的出现往往与社会群体的多样性有着密切的联系。即使是住在一个社区的居民,也由于自身和外界的各种原因而展现出完全不同的生活风貌。因此,我们需要去关注这些生活方式群体,探究其日常生活的内涵及与城市空间的关系,才能更好地为城市可持续发展提供良方。而这也是本书的创作初衷和核心目的——如何去理解城市空间对不同群体多样化生活方式的塑造。

9.1.1 构建时空行为视角下的生活方式理论

社会与空间的互动正在重塑生活方式。如果说早期我们还可以简单地用"城市""郊区"定义生活方式的话,现如今已经很难将这些空间名词和具体的日常生活联系在一起。特别是随着技术的进步,汽车、高速公路网、高速铁路网带来了移动性的增强,居住在城市边缘而享受城市中心的设施早已不是一种奢望,而跨城通勤、跨城生活圈也逐渐成为现实;电脑、手机、移动互联网带来了虚拟世界的发展,正在改变着个体交流与移动的方式,通过网络,东方与西方、沿海与内陆、城市与乡村的生活方式正在相互渗透。

"移动性转向"正在重塑着社会、经济与政治生活的方方面面,进行日常活动及其带来了移动出行已经成为日常生活最重要的组成部分。不论是城市社会学的生活方式理论走向,还是城市地理与交通对于移动范式的强调,基于时空行为构建生活方式的理论体系已经逐渐成为学者们的共识,而这其中的核心问题就在如何科学合理地测度生活方式,并分析其动力机制。本书以这一问题为研究目标,立足于中国城市郊区发展及其社会问题,从行为动态的角度分析郊区居民的生活方式与郊区空间的关系,构建郊区居民生活方式研究的理论与实证体系,以透视郊区生活的复杂性与多样性,并通过北京的实证研究验证了这一理论的有效性。

在时空整合、活动—移动综合的原则下,本书应用时空行为变量构建生活方式的测度指标,将生活方式分为"移动方式""与城市空间的关系"和"日程安排"三类子指标,采用因子分析和聚类分析方法进行生活方式测度。通过"定量"的方式将零散的日常行为进行汇总,从而更加适合于"定性"的群体描述,凸显群体之间的差异和群体内部的共性。在北京的实证研究中,发现了城市通勤居民、汽车依赖居民、家庭责任优先居民、规律出行居民、外出爱好居民五种生活方式类型。通过划定生活方式群体,本书将社区分异拓展到了日常生活模式的分异,从而比较不同生活方式群体在社会经济属性和行为特征上的差异。这一研究对于理解城市转型期社会生活的复杂性和进行相应的政策应对具有重要的意义:将具有相同行为模式的群体进行归类,比较他们独特的行为模式,分析不同空间和社会因素对其行为模式的影响,能够为交通与空间规划提供需求分析的基础。

9.1.2 分析生活方式的"空间—社会—技术"制约机制

正如个体不能脱离社会系统而单独存在,生活方式也受到各种"结构"的深刻制约。本书从时间地理学的制约视角出发,将个体生活方式的形成看作是城市地理背景、社会关系和技术条件相互作用的结果,构建了"空间—社会—技术"的影响机制分析框架。通过在北京的实证研究,本书主要分析了职住空间、家庭结构和汽车这三个因素对生活方式的影响。

郊区居民的日常生活具有双锚点特征,职住空间构成了居民日常生活组织的主轴,工作活动与通勤行为限制了居民非工作活动的时间和地点选择。本书通过比较不同就业地居民在工作日的非工作参与情况,发现相比于到其他郊区就业的居民,本地就业和中心城区就业依旧是优化的选择方案。同时,本书还发现郊区居民整体的通勤效率较低,表现为通勤绕行多、多目的出行较少等特征,居住地和就业地建成环境影响通勤效率。从规划与政策角度,郊区设施配套不完善导致居民的日常生活圈发育不良,居民日常活动受到时空制约。当职住空间周边的设施存在较大差异时,居民会倾向于依赖更完善的一端进行活动,从而导致了对城市中心的过度依赖、通勤绕行的加剧和郊区空间的利用不足。而要减少居民对于城市中心的依赖,不仅应关注郊区的就业中心建设,还应当推进商业的郊区化,完善建立郊区生活中心的建设。

近年来,我国城市家庭正在面临着巨大的转变,婚育年龄的推迟、家庭规模的缩小化、退休年龄的延后、全面二孩时代的到来都对学术界提出了新的要求和挑战。家庭结构不仅是人口学关注的重要议题,也对城市居民的日常生活产生着重要的影响。本书分析了家庭结构对居民日常行为与时空弹性性别差异的影响,发现扩展家庭成员参与家庭责任分工能够缓解女性面临的时空制约,减少女性的家务活动时间,给女性更多的机会和更大的自由追求事业发展与休闲生活。家庭能够通过各种协调机制来改变和调整其成员的时空制约和行为模式,以使得家庭成员能够更好地适应郊区生活,更好地完成日常生活所需的各类活动。同时,本书也对相关的性别差异问题进行了探讨,提出当代中国大城市郊区生活方式的性别差异正在出现并且扩大,而在这种变化中,职业女性越来越受到工作和家庭的双重压力,家庭责任负担重、时间预算紧张、生活质量下降等问题正在显现。

机动化正在改变中国城市的居住方式、社会关系、教育、工作习惯、休闲模式,进而改变居民与城市相互作用的方式,重塑个体对自我生活的定义。本书发现汽车所有权与汽车使用能够显著增加居民活动空间的面积,改变个体通勤、购物和休闲的空间选择,拥有汽车的居民在就业空间和生活空间的选择上更加多样。可以说,汽车正在成为改变中国郊区的重要因素。通过研究汽车拥有与家庭关系对时空行为的影响,本书认为应当关注隐藏在汽车使用与交通拥堵背后的社会问题的"符号":交通拥堵不仅表现了郊区设施配置不足导致的居住—就业—生活空间的三重分离,而且代表了居民在出行方式上的偏向性。

总体而言,生活方式虽然是个体自我生活导向的展现,但是却受到社会经济结构的深刻影响。本书提出的"空间—社会—技术"制约机制从社会经济发展的宏观背景与微观表现上探究居民生活方式的影响因素,能够有效地从个体角度透视中国城市转型。

9.1.3 探索生活方式郊区化的研究路径

近年来,探讨郊区化与居民生活方式变迁、生活活动空间重构以及社会网络重建之间的关系逐渐成为中国城市郊区研究的重要趋势。本书通过北京郊区案例分析,构建郊区生活方式的研究框架,探讨了郊区空间与郊区居民生活方式之间的关系,为郊区研究提出了一个新的视角。通过将不同生活方式群体的日常生活轨迹及其对郊区空间的利用进行分析,本书发现目前郊区空间作为日常生活空间的作用不足,相当一部分居民群体依旧依赖城市空间。总体上来说,移动性高、收入高、时间充裕的居民倾向于选择城市中心而不是郊区空间进行日常活动,说明郊区未能为这些群体提供相匹配的生活设施,如中高端购物和周末休闲的场所。可以说,目前的郊区发展虽然一定程度上对中低收入居民的本地化提供了基本的生活设施,但是对于追求高品质生活的中高收入群体和追求多样化生活的年轻人的支持不足。

在新型城镇化与人本规划的背景下,城市规划越来越强调城市生活空间的构建与居民生活质量的提升,越来越注重本地化生活空间的形成,而社区生活圈规划作为有效应对居民异质化需求、实现公共资源精细化分配的工具受到关注。北京、上海、广州等城市纷纷提出"15分钟生活圈"等社区生活圈建设理念,希望改变现有规划体系过分强调"千人指标"、重视空间规划而忽视社会规划的现状,更加关注以人为核心的需求方利益,强调公共设施空间配置与开放时间和居民行为时空特征的适应性关系。本书的研究结论能够为社区生活圈建设提供理论支撑,本地化生活的实现不仅需要从物质空间角度入手提高区域公共服务密度与混合度,更需要考虑不同类型群体的服务设施需求,进行相应的设施配置,从构建基础社区生活圈向构建复合型郊区生活地域扩展。

9.2 日常行为与生活方式研究的展望

9.2.1 构建行为—空间互动理论体系

行为—空间互动是指空间制约人类行为的同时,人类行为也对于空间有着塑造和再塑造的作用。构建与完善行为—空间互动理论体系需要从"基于空间"和"基于人"两种研究范式来理解行为与空间复杂的相互作用关系。近年来基于作为行为主体的人的研究(包括汇总与非汇总)已成为国际研究的前沿。生活方式的概念将个体的活动—移动行为置于城市空间环境的大背景之中,强调了日常行为与城市空间互动形成的相对稳定的生活模式,以此透视城市空间重构过程对个体活动的制约和影响,同时反观个体行为对城市空间的理解与影响。这一研究对于构建和完善行为—空间互动理论体系具有重要的意义。未来,需要进一步细化对"生活方式"的测度方法,实现基于行为对个体的汇总与分类,从而深入探讨空间对个体行为的时空制约机制与个体行为对城市空间的利用、适应与重塑机制,构建个体时空行为研究的行为—空间互动理论,深度理解中国城市社会与空间转型。

9.2.2 拓展空间公平研究的主题

空间公平是城市地理学研究的核心主题之一。空间公平应能够满足分配公平和机会公平。分配公平指的是城市资源在空间分布的结果能够达到不同群体间的公平,而机会公平指的是不同群体能够得到城市资源的机会是公平的。而在这一方面,日常行为与生活方式研究能够给我们提供更多新的视角和研究主题。

从分配公平的角度,大多数的研究依旧关注居住区位的空间隔离问题,学者从社区、产权等角度对居住隔离进行了深入的探索,提出经济适用房、低收入、农民工等都是经历了一定的空间隔离,在城市资源的分配中处于劣势。但是,也有学者开始提出,个体感受的隔离不仅包括居住隔离,还包括在其他活动地点中感受到的隔离,比如工作场所、购物地、休闲场所等。弱势群体不仅居住在较差的区位,而且工作地也可能在城市的远郊或者较为衰败的区域,此外其日常活动的空间也较难和其他群体重叠。这些问题不仅导致了社会隔离,还造成了空间资源占有的劣势。因此,活动空间角度的社会隔离已经成为新的研究方向,分析居民在日常生活空间中感受到的不公平。

从另外一个角度,之前学者对于社会群体的划分往往采用社会经济属性,如收入,但是本书提出基于生活方式群体的纵向不平等已经开始出现。生活方式与个体的健康、生活质量、安全等都密切相关。关于这方面的研究在不同国家已经开始开展,一些学者提出生活导向的行为研究,并开展了一系列的前沿探索。但是国内目前的研究还处于起步阶段。未来,如何从生命历程、生活方式、生活导向等角度对社会群体进行划分,并深入探究他们的日常生活问题将为精细化与人本化的城市管理提供新的理论支撑。

9.2.3 深化主客观结合行为机制的分析

从模式描述到机制分析是行为研究的必由之路。理解行为背后的影响机制,从而能够对行为加以解释和预测是时空行为研究理解个体、理解城市的根本。本书主要从制约角度,提出"空间—社会—技术"三重机制分析地理背景、社会背景和技术背景对日常行为与生活方式具有深刻的影响。但是在实证框架中仅对这三个维度中的一部分因素进行了探索,依旧有很多未尽之处。

个体流动性的增加对学者理解地理背景与个体行为之间的关系提出了新的要求。个体不再局限于某一个社区或者小空间尺度进行活动,而是在不同时间活跃在城市的不同区位。因此,个体的日常行为及与之相关的生活质量、健康、社会排斥等都受到更加个体化、动态化的地理背景的影响。因此,构建一套基于个体的动态的地理背景刻画方式,从活动空间的角度理解地理背景与居民时空行为的关系将成为未来行为研究的新方向。同时,以往行为研究中更加关注传统的建成环境因素,如密度、混合度、城市设计等。但是事实上,居民在城市中活动,不仅受到建成环境的影响,还受到城市其他自然环境的影响,如绿地、水体、温度、污染等。综合考虑自然与人文因素对于个体行为的影响,有利于进一步理解城市转型与空间重构的综合作用机制,理解中国城市发展。

社会关系与日常行为的关系同样值得关注。学者认为家庭内部关系以及拓展社会网络关系都会对个体行为的选择产生重要的影响,但是这方面的深入研究依旧比较少。特别是面向中国城市已经发生和正在发生的人口政策与家庭结构变化、人口流动带来的社会关系转型,家庭关系与社会网络对日常行为的影响不应忽视。一方面,计划生育政策带来的家庭少子化和代际关系转型已经深刻地影响了中国城市社会的形态,从行为角度分析不同家庭背景下居民的日常生活经历,有利于更深入地理解家庭关系对社会整体的影响。另一方面,城市社会群体的多元化及其带来的社会网络、社会融合、社区感等问题已经引起了广泛的关注。但是社会关系带来的行为改变,如出行模式、活动地点,更有可能在城市层面上重塑社会关系形态,影响不同群体之间的交往与对社会的满意度。这些都需要更多精细化的研究加以分析。

技术进步对于日常行为的影响是有目共睹的,特别是无线网络、无人驾驶汽车、共享经济等正在开始成为影响居民生活的重要因素。但是目前我们对于这些新兴技术与个体行为之间的因果关系依旧没有充分的理解。共享单车如何改变了"最后一公里"问题的解决方案,是否增加了居民健康出行的比例;外卖如何改变了实体餐饮消费的模式,是否影响了居民的健康;社交网络如何改变了居民交流的方式,是否减少了面对面交流的机会。这些对城市社会生活具有重要影响但是尚未解决的问题是值得学者们深入探究的,而对这些问题的分析对于城市规划和政策的制定也具有重要的应用价值。

同时,主客观结合的行为机制分析是完善时空行为研究框架、全面理解行为模式的必然趋势,但是目前这一研究依旧有诸多问题亟待解决,需要深入探索以丰富其研究内容。特别是居住自选择、设施主观评价、出行意愿等都会影响个体行为决策。由于对主客观结合的行为机制分析尚欠缺,对于造成问题的因果关系理解有限,时空行为的模拟研究不足,难以对行为趋势进行预测、对规划进行有效指导。因此,需要结合主客观因素深化居民时空行为的机制分析与模型模拟,在理论上丰富中国城市时空行为研究。

9.2.4 开展面向规划的行为预测研究

时空行为研究不仅要理解行为的运行机制,也需要对城市空间与时空行为的关系进行模拟预测,以支撑城市规划的需要。如何通过机制研究构建合理的预测理论模型,并借助新的技术方法实现行为的模拟将成为未来行为研究的一项重要议题。

从模拟对象上分,可以分为单要素模型和综合模型模拟。单要素模型主要以效用理论为基础,对特定行为进行模拟,例如活动持续时间、出发时间、活动地点等。这一方面的研究发展较为成熟,主要是使用离散选择模型,依据效用最大化策略对某一个行为的时空决策进行模拟预测。而综合模型模拟则更为挑战。从发展过程来看,综合模型又可以分为制约模型、效用模型和计算过程模型。制约模型以时间地理学为基础,对居民时空可达性进行分析和模拟。效用模型将日常行为看作是以效用最大化为目标的层次决策过程,应用离散选择模型预测个体行为。而计算过程模型更加强调根据背景条件启发而进行的决策过程,从认知和学习理论出发,应用计算机编程模拟,制定行为规则模拟预测家庭中个体日常行为特征。

国内地理学领域的微观行为模拟主要从 2000 年开始。关注特定行为发生的时间和空间决策,地理学者使用离散选择模型、多代理人模型等对居民购物与通勤时空间决策、消费者在商业街中的活动选择、园区人流等方面进行了分析。但是对于城市中日常活动移动模式的综合模拟仍不多见。行为模拟的开展可以更定量化地分析城市空间规划对居民实际利用的影响,既可以作为规划评估的依据,也能够为规划方案的比较提供有价值的信息。未来,实现时空行为的综合模拟将是一个值得关注的新的研究趋势。

图 3-1 源自：Kwan M P. 2000. Interactive geovisualization of activity-travel patterns using three-dimensional geographical information systems：a methodological exploration with a large data set［J］. Transportation Research C，8：185-203.

图 3-2 源自：Kwan M P，Lee J. 2004. Geovisualization of human activity patterns using 3D GIS：a time-geographic approach［M］// Goodchild M，Janelle D. Spatially Integrated Social Science. New York：Oxford University Press：48-66.

图 3-3 源自：Kwan M P. 1999. Gender，the home-work link，and space-time patterns of non-employment activities［J］. Economic Geography，75（4）：370-394.

图 3-4 源自：Scheiner J，Kasper B. 2003. Lifestyles，choice of housing location and daily mobility：the lifestyle approach in the context of spatial mobility and planning［J］. International Social Science Journal，55（176）：319-332.

图 3-5 源自：Salomon I，Ben-Akiva M. 1983. The use of the life-style concept in travel demand models［J］. Environment and Planning A，15（5）：623-638；Ben-Akiva M，Bowman J. 1998. Integration of an activity-based model system and a residential location model［J］. Urban Studies，35（7）：1131-1153.

图 3-6 源自：Scheiner J，Kasper B. 2003. Lifestyles，choice of housing location and daily mobility：the lifestyle approach in the context of spatial mobility and planning［J］. International Social Science Journal，55（176）：319-332.

注：其余未提及图表均为笔者或团队自制。